新歷中國叢書

泰戈尔
我前世是中国人
亲历中国丛书
Rabindranath Tagore
1924

“亲历中国丛书”总序

千年以来，中国一直吸引着全球关注的目光。作为闻名于世的礼仪之邦，自古就以“有朋自远方来，不亦乐乎”的包容心态，接纳过无数来自世界各地的朋友。无论是千年前的零星游客，还是百年来的传教士、学者或者大师，他们先后见证了中国古代的辉煌、近代的落寞和当代的崛起。他们经历了从好奇、探究、兴奋、赞叹，到幻灭、深思的心路历程，最后形成了专业的海外中国学。不知不觉中，这些亲临中国的朋友本身也融入了中国历史的长河。

从五四时代起，有一批文化名人不远万里，亲临中国，足迹遍及大江南北。他们通过讲演、谈话和著述，带来新学说，传播新思想和新观念，让我们不但有幸目睹他们的风采，从而进一步激起了中国人与世界沟通的愿望，并开始思索中国的发展道路。这些来华的文化名人中有美国的杜威，英国的罗素、萧伯纳，印度的泰戈尔，法国的萨特……他们是大师，是世界名人，更是中国人民的朋友。他们多年来关注中国的思想文化的发展，关注中国的历史命运。在我们彷徨不定的时候，他们为我们指点前程；在我们遭受异族侵凌的时候，他们为我们呐喊奔走；在我们取得成绩的时候，他们为我们欣喜鼓掌。他们的到来，本身就是一种热潮、一种力量。他们的每一次来访，都曾在中国产生很大的影响，成为当时的重大文化现象。他们坚定的目光、自信的话语、超人的学识，曾经感动过中国的文化名流，也曾激励过中国一代又一代的热血青年。

是的，他们与中国密不可分。或许他们的观点并不能让所有人接受，但历史会记住他们的真诚。

我们收录这些大师的讲演、著述和谈话，记录他们在华活动的行迹，选录当时及之后的种种评论，试图以此重构这些历史画面。我们愿以此来纪念这些文化名人，以进一步推动中国与世界的文化交流，这就是我们编辑这套“亲历中国丛书”的目的和意义所在。

亲历中国丛书编委会

2014年6月

目录

中国人眼中的泰戈尔

序　泰戈尔的中国缘

1924年，中国又迎来了一位世界文化名人——泰戈尔。

泰戈尔（Rabindranath Tagore，1861年5月7日—1941年8月7日），印度诗人、文学家、艺术家和社会活动家。出生于西孟加拉邦加尔各答市，自幼受东西方文化熏陶。1878年赴英留学，先是学法律，后改学文学和音乐。1880年回国，专门从事文学活动，有诗歌、小说、戏剧等多种作品。1913年获诺贝尔文学奖，这是东方作家第一次荣获该奖。

泰戈尔是中国人民的亲密朋友，一直对中国人民怀有崇高的友谊。他于1924年4月12日至5月30日应邀访华，并作了不少讲演。1929年重游中国，宋庆龄曾在上海举办了隆重的告别仪式。1937年泰戈尔曾致电蔡元培先生，支持中国人民的抗日战争："我和我的人民完完全全的同情你们国家。"同年，在写给日本"爱国诗人"野口米次郎的公开信中，强烈谴责日本帝国主义的侵华暴行，认为"中国人民是不可征服的……日本今日之所作所为，将自食其果"。他还于1938年6月发表《致中国人民书》，再次对中国人民的英勇抗战表示声援。对此，周恩来总理曾在1956年访问印度国际大学时予以高度评价："中国人民对泰戈尔抱有深厚的感情。中国人民永远不能忘记泰戈尔对他们的热爱。中国人民也不能忘记泰戈尔对他们的艰苦的民族独立斗争所给予的支持。”

泰戈尔的作品在我国深受欢迎。早在1915年10月,《青年杂志》(《新青年》前身)就译载了陈独秀所译的几首泰戈尔的短诗。泰戈尔访华前夕,《小说月报》于1923年9月至10月出版了两期“泰戈尔专号”,集中发表了一批泰戈尔的作品和介绍文章。泰戈尔在华时,报纸上几乎天天都可见到有关报道。中华人民共和国成立之后,泰戈尔的许多作品都相继有了中译本。

早在1920年,中国知识界就有意请泰戈尔访华。1924年4月7日,孙中山先生又致函邀请。此前,孙中山曾派秘书会晤泰戈尔,可惜孙中山本人始终未能与泰戈尔一见。

泰戈尔以64岁高龄和病体,于1924年4月12日远涉重洋到达上海,受到文学研究会、上海青年会、江苏省教育会、时事新报社等机构的热烈欢迎。在近50天的访华行程中,可以说马不停蹄地在北京、上海、南京、济南、杭州、太原等地巡回讲演。

泰戈尔回国后，于1925年在加尔各答把这些讲演结集出版，题为《在中国的谈话》。这些演讲的语言如诗一般地流畅，充分表达了泰戈尔的哲学观和文学观，同时表达了他对中国人民的热爱之情。该书共分七个部分：第一部分是“自传”，着重介绍了泰戈尔本人的家世和文学创作生活；第二部分是“与主人的谈话”，介绍了他的来华经过，表达了中印友谊和他主张进步的思想；第三部分“与学生的谈话”主要是他在清华大学的讲演，对青年学生颇多勉励之辞；第四部分是“与教师之谈话”，强调在教育中要注重自由、个性和人格；第五部分是“告别辞”，友好地表达了他此次访华的感想、收获和一些失望的感觉；第六部分是“文明与进步”，呼吁在科技飞速发展的时代，要注重理性和人类和平；第七部分“真理”则充分表达了他对东方文明的热爱。

当然，泰戈尔访华也并不是一帆风顺的。一方面，泰戈尔访华引发了“泰戈尔热”，人们争相传阅泰戈尔的诗作；另一方面，泰戈尔提倡东方文明，以及他的“泛爱”“诗化人格”和宗教神秘主义，与中国当时复古派的“国粹主义”“调和论”和“尊孔读经”“整理国故”等论调多少有些相似之处。因此，既有梁启超、徐志摩、郑振铎那样欢迎和接受泰戈尔主张的，也有认为泰戈尔的观点与中国当时的现实政治相脱节，而提出批评意见的，比如瞿秋白、沈泽民、茅盾、陈独秀、郭沫若、鲁迅等，他们中的一些人的言辞甚至还十分激烈。

泰戈尔显然是感受到了这两种不同意见。一方面，他欣然在北京度过了他64岁的生日，接受了梁启超的赠名“竺震旦”，并观看了他的剧作《齐德拉》(*Chitra*)的演出；另一方面，他也在《告别辞》中表达了他的失望。不过，泰戈尔对中国仍然十分友好，在离开北京时，有人问他有没有失落什么东西，他回答说：“没有了，除了我的心。”

泰戈尔访华最重要的意义，在于增进了中印两国人民的友谊。同时，泰戈尔的文学曾经极大地影响了一大批中国现代作家，如郭沫若、徐志摩、冰心、许地山、王统照、郑振铎……其中，曾为泰戈尔演讲作翻译，并与林徽因一起陪同泰戈尔的徐志摩，可谓最为热心。这一切，在比较文学方面已有不少论述。

本书全文收录了《在中国的谈话》，并按时间顺序，编选了与泰戈尔来华有关的评论文章，以使当今的读者全面地了解泰戈尔。此外，书后还附有泰戈尔在华日程表。

我们谨以本书来纪念泰戈尔的访华，纪念泰戈尔对中国人民的友谊，并以此献给当今的中国读者。

编　者

2014年6月

泰戈尔

在中国的谈话

我的成长

最近，我在你们的一份报纸上读到一种言论，说我作为一个哲人，有一次开会迟到了半小时。如果这种抱怨只是针对这偶然的一次，我能够对我的行为作出令人满意的解释，但我相信这篇文章的作者是把这次迟到当作一种象征，象征着关于我的一些事实，认为并非偶然。我估计他之所以耿耿于怀，是因为他认为在这个摩登时代，我已经是完全过时了，我应该降生在两千年以前，那时，诗人梦想着在月光下斟满酒杯，哲人物我皆忘，超越时空。

这已经使我有些惊奇，将来我有空的时候，这份惊奇一定会变得非常有趣。几乎从少年时代起，我就已经习惯于听到我的国人对我横加指责，指责我过于现代，没有从过去之中学到任何伟大的教诲，因而也无权进入像印度这样的古老文明。对于你们的人来说，我是过时的，因而是无用的；对于我们的人来说，我是新奇的，因而是令人反感的。我不知道谁是对的。

昨天，胡適博士做了一次占星家，从星星上占兆了我访问中国的事。我估计他能从古怪的星星之中发现，我的出生，是在什么星星的庇护之下，又是在什么星星的负面影响之下。他会让我知道，为什么我这个这不幸的人儿会不断地被怀疑为违禁品——

泰戈尔在作画

走私到错误的时间之岸——不仅被十分熟悉的国人所怀疑，而且被他几乎还没怎么思量过的人所怀疑。由于这种误解，我的朋友们要我向你们详细介绍我自己，这样我的意见就不会让你们如坠五里雾中，不会像莫名其妙的怪物那样吓着你们。

我生于1861年：这一年在历史上并不重要，但处于我们孟加拉历史的一个伟大时代之中。或许你们不知道，我们有自己的朝圣的地方，这些地方在众多河流的合流处。对我们来说，河流是自然界生命之神的象征。河流的合流，象征着神灵的汇集、理想的汇集。就在我出生前后，我们国家生活中的三个运动的潮流汇集在了一起。

这三个运动中有一个是宗教运动，发起者是拉姆·莫亨·罗易（Rām Mohan Roy），心胸宽大而又极具智慧。这是一场革命，因为他试图重新打开精神生活的渠道，这渠道已经被形式主义和物质主义的信条的泥沙和碎片堵塞多年了。形式主义和物质主义早已是只注重外在实践，缺乏精神意义。

罗易与正统派之间有一场争斗，正统派时时怀疑具有活力的思想。那些紧紧抱着古老过去不放的人们，沾沾自喜于他们搜集的古玩，年代越久远越好。每当有伟大的精神、有热爱真理的人打破他们的封闭，引进思想的阳光和生活的气息，他们就恼怒起来。他们认为，对他们仓库的安全来说，思想造就的运动，以及其他一切进步的运动，都是威胁。

这大致发生在我出生前后。我可以骄傲地说，我父亲就是这个运动的伟大领袖之一。为此，他备受排斥，但他勇敢地面对了社会上的侮辱。我就是出生在这样的氛围：各种新思想不断涌现，与此同时，那些陈旧得不能再陈旧的思想也时常沉渣泛起。

第二个运动同样重要。一位名为般金·昌德拉·查特吉(Bankim Chandra Chatterjee)的伟大人物，是这场发生在孟加拉的文化革命的先驱。虽说他年纪比我大许多，但他与我处于同一个时代。他寿命很长，我曾亲眼见过他。

我们的自我表现一定要寻求自由，不仅精神上要自由，文学表现上也要自由。那时，我们的文学的创造生命已经消失殆尽，缺乏活力，几乎被严格的修辞束缚致死。般金·昌德拉·查特吉十分勇敢地反对正统派，反对只相信石碑是可靠的，反对只相信唯有无生命的东西才是完美的。他搬走了压在我们的语言之上沉闷形式的重负，并用他的魔杖把我们的文学从多年昏睡中唤醒。一旦苏醒，她就以充足的力量和优雅，向我们展现了多么美的画面啊！

不过，那时还开始了一个民族运动，并不完全是政治性的，而是开始道出了我们试图维护自己人格的人的心声。这是一种义愤的呼声，反对西方人对我们的侮辱，尤其是反对那时的一种恶习：把自己的生活作为标准，按照与之相似或者不同，来粗暴地划分人类世界好与坏。

这种带有歧视的区分标准，一直在伤害我们，并且给我们自己的文化世界造成了巨大损害。它使我们国家的年轻人对一切过去传承下来的东西都产生了不信任。我们的学生仿效他们的欧洲教师，也嘲笑古老的印度绘画和其他艺术作品。

尽管后来我们的教师改变了看法，而他们的追随者却没有完全恢复对我们艺术成就的信心，即使在具有永恒成就的领域。长期以来，他们热衷于欣赏法国绘画的三流模仿之作，欣赏俗丽而又廉价的油画式石版画，欣赏以同一个原型为标准的机械般精确的作品，还把能够蔑视地拒绝东方的艺术作品当作高等文化的特征。

摩登的年轻人异口同声地说，真正的艺术源泉不在于发现现实之心跳动的基本节奏，而是在于那些舶来的绘画品中厚厚的嘴唇、淡妆的脸颊、裸露的乳房。这种源于无知的否定情绪，也滋生在我们其他文化门类。这是因为那些嗓门和手臂都粗壮的人在我们一代年轻人身上施了催眠术。

在我出生时，反叛精神已经觉醒，还有人已经在试图逆转那股潮流了。我的家族中有几位就是这个运动的领导者，他们都是我的兄弟或表兄弟，他们站起来拯救被侮辱和歧视的心灵。

我们一定要寻求一些普遍的、永恒的基础，一定要发现那些永远有价值的东西。这场民族运动开始宣布，我们一定不能不分青红皂白地否定我们的过去。这个运动不是反动的，而是革命的，因为它的目标就是否定和反对一切崇外心态。

这三个运动在进行，我的家庭积极参加了每个运动。我们因为持有非正统的宗教观点而受到排挤，因此享受到失去阶级的人的自由。我们不得不用自己的思想和心力来构建自己的世界，从基础开始，因此我们不得不寻找坚固的基础。

我们不能打基础，但我们能够建造基础以上的部分。对新生活的表达，与人们心中对基础的寻找，这两者必须合而为一。那些相信生活之所以有变化是因为变化蕴含了运动的人，应该记住这样一点：统一或者变化一定有一条根本的线索，它虽然没有什么意义，却会造成对立和冲突。这种统一线索肯定不在外界，而在我们内心。

我已经说过，我就是在这三个革命运动的合流中出生和长大的。我出生的家庭有它自己的生活，这使我从小就寻求表达自己的内心的判断标准。当然就是用我的母语表达。但是，这属于人民大众的语言，不得不按照我的个人使用来调整。

没有一个诗人会从正统的店铺里借用现成的语言媒介。他不但要有自己的种子，而且要自己准备土壤。每个诗人都有自己独特的语言媒介——这并不是因为他创造了一个语言系统，而是因为他对语言系统的独特使用，在得到生活神奇的触摸之后，把语言系统转化成他个人创作的独特载体。

世界各族人民的内心中都有诗意需要表达，需要尽可能完美地表达他们的感情。为此，他们必须要有一个语言媒介，一个动人的、善于表达的媒介，足以重新成为他们自己代代相传的语言媒介。所有重要的语言都发生了并且发生着变化。那些拒绝变化精神的语言将遭到毁灭，不会有思想和文学上的大丰收。一旦形式固定不变，精神要么勉强接受这种限制，要么加以反抗。内部反抗外部入侵的斗争，一切革命之中都有。

在这个地球的生命史上，曾经有过伟大的一章：人们心中一些不可抵挡的内部力量变成了谋划，谋划许多事情，并进一步发出胜利的反抗的呼声，同时大声宣告不再被巨大而野蛮的外在身躯所征服。此时，它是多么孤立无援，但它不是已经接近胜利了吗？我们的社会生活中也一样，当某种力量集中体现了外部世界，并且出于其自身的目的，威胁着要来奴役我们内在的力量，那么，就会爆发革命。

当一个机械组织变成了一种中心力量，无论它是政治的、商业的、教育的或宗教的，它都会为了增大自己的力量而去阻碍人们内在生活的自由流动，并拦截和剥削人们的内在生活。如今，这种力量的集中正在外部迅速增长，而人们要求摆脱束缚和纠缠的被压迫的精神的呼喊，也在响彻四方。

革命一定会到来，人们一定会冒着被辱骂和被误解的风险，这种辱骂和误解尤其会出自那些贪图安逸的人，出自那些崇尚物质主义并且墨守成规的人，出自那些实际上属于僵死的过去而不属于现代的人。这种僵死的过去处于远古时代，那时起决定作用的是体力，而不是心灵。

纯粹的肉体支配是机械的，而现代的机器只不过是我们躯体的扩张，是我们手脚的延长和增加。现在的孩子对于这种代表异常物质力量的巨大身躯感到沾沾自喜，说："让我拥有这个大玩具，不要受任何情感的打搅。"他并未认识到，这样一来，我们就退回到洪荒年代去了。那时，巨大的身躯倍受钟爱，内在精神的自由却没有地位。

世界上所有伟大的人类运动都与某种伟大理想有关。你们当中有人说：这种关于精神的说法，在经历了一个多世纪的临死前的痛苦之后，就快要死了；而除了外在力量和物质基础之外，我们就没有什么可以依靠了。但是，我要说，在我看来，你们的说法早就已经过时了。它在历史初期就已分崩瓦解了，那时，地球表面清除了许多庞然大物，而代之以人类。人类赤身裸体地来到了万物的中心，身体无依无靠，心灵和精神却不可征服。

物质至上的观点已经非常陈旧。人类精神的显现则是真正现代的：我站在人类精神一边，因为我是现代的。我已经讲过我是如何降生在一个具有反叛精神的家庭的，我的家庭相信内心理想是崇高的。如果你们要反对我，你们就反对吧。但我有权利进行革命：把精神自由的旗帜插上你们的神殿。你们的神祇，无非是物质力量和物质积累。

（秦　悦　译）

我的诗歌

我的朋友们：

我们来外邦作客的，只能在当地人自然流露的情感里寻求乡土的安慰，但也只他们的内心有盈余时，作客的方有分润的希冀。有的自身先已穷苦，他们便不能开放他们的心府与家门，款待远来的过客。只有人情富有的国民才能有大量的殷勤。

在一座古旧的森林里，林木终古的滋长：花叶相继的鲜妍，那地下的泥土也跟着益发地膏腴与深厚与丰饶。你们这古旧的文明也富厚了心灵的土质，他的绵延的人道的栽培，使从这地土里滋长的一草与一木，都涵有活泼的生机。就为是近人情，就为是有充实的生活，你们的文明才能有这样的寿命。

有的文明也曾产生过他们的智慧与理想与艺术的收成，但他们不曾持久，只有一度的荣华，便变成荒芜。但是你们的，为的是地土的深厚，还是培养着这生命的大树，摇曳着和蔼的青荫，结着鲜甜的果实，便是远来的行旅也有仰庇与解渴的快乐。这是使我作客的深深的铭感，我因此也深信你们的文学与其他表现的艺术亦必亲切的感受这一点可贵的人道的精神。因为表现一民族个性最准则的与最高的方式，只是社会自身，生活自身，我已经从你们的生活的杯里尝味一种异样的芳醴，饮啜了不朽的人情。为此，我们远来的游客在这古文明的旧邦，不但没有生疏的感想，竟然寻到了乡土的欢欣。

今天下午我在报上看见一篇文章，说你们的特性只是近人情。我也很相信，我方才知道今晚同座的不少诗人与文学家，都是我同行的劲敌：但是他们不但没有嫉忌的痕迹，并且一致地给我这样诚挚的欢迎。这不是你们富有人情的一个铁证？我并不懂得你们的文学。我没有那样的学问。但是单就我念过少数英译的中国诗选，已经够我醉心。我盼望以后有机会仔细地品评。你们的文学有一种特异的品性，纯粹中国的，我从不会在第二种文学里得到相类的经验与印象。

但是，我知道你们都比我懂得多，用不着我来讲你们的文学。

我今晚只想把我自己国里文学界的情形约略讲给你们听。方才我听说你们的文学受一种固定的形式的约束，严格的章法妨碍表现的自由，因此缺乏生命的跳动，我们的文学早年也有同样的情形。但是在我们，古梵文文学的影响只限于知识阶级，在平民文学里并没有多大的势力。我们古代的通俗文学，现在都已遗失了。但是，我们相信当初一定有方言的文学，而且曾经给当年的诗人不少的灵感，因为我们在古文学里看得出这平行水流的暗示，文言的与方言的文学同时在先民的心怀里流出。但是因为方言继续的改变，又没有准确的记载，当初方言的文学都只是互相口述的，他们也就跟着时代的转变晦塞与毁灭。

同时，近代的方言渐渐地发展，在文学里创造了不少永久的体裁与方式。我的朋友沈教授（Kshitimohan Sen 基迪莫洪·森，也即沈谟汉——编者注），他曾经研究过印度中古的诗，他可以告诉你们在13与17世纪之间我们出了不少有名的玄秘派的诗人。经他的指导，我自己也念了他们的名作，我得到很有趣的发现，因为虽则隔着几百年的分别，他们所表现的思想与情感，还只是我们当代人的思想与情感。他们是时新的，满充着真纯的热烈的生命与美的情感。所有真的作品永远是时新的，永远不会褪色与变旧，所以我说我们中古时期的文学只是时新的。

在我们彭加耳的地方，当年因为佛熙那梵运动（Vaishnava Movement）产生了不少抒情的诗歌。在印度，一般平民的心灵的生活全靠一种深沉的玄秘性或宗教性的情感继续地给他们营养与鼓舞。我们往古圣哲们的使命也就只给他们精神的慰安，他们在社会上因为阶级制度的关系，不仅没有体面的地位，而且实际上忍受压迫与凌辱。我们的前辈教导他们人格的自重与灵性的神圣，给他们勇敢与希望，鼓荡他们潜伏的心声。所以，那时期出产的诗歌有一种神异的智慧的深厚与方式的美艳。

我自己开始我诗人的生涯时，英国的文学很影响那时的作者。我想这也许是我的幸运，我那时并没有受什么所谓正式的教育，因为在习惯上，上等的人家都应该送他们的子弟进学堂、进大学受相当的教育。虽则我不能说我自己完全不受当时模仿性的文学的影响，但我自喜我著作的路径并不会歧误，我的根蒂依旧种植在我们早期文学柔软的泥土里，不是在杂乱的蔓草丛中。我相信我及早逃出学校的牢门与教师的专制是我的幸福，他们杂色的标准因此不曾沾染我清洁的本能。因此，我有的是创作的自由，我一任我的恣肆的幻想，搏糅文字与思想，制造新体的诗歌，因此我也备受渊博的批评家的非难与聪明人大声的嘲笑。我的知识的固陋与异端的狂妄的结果，使我变成了文学界的一个法外的浪人。

我初起著作的时候，我的年岁其实是可笑的幼稚；我是那时的著作家里最年轻的。我没有相当年岁的保障，又没有体面的英国教育的面具。所以，我的早年的尝试并没有得到多大的奖掖，我只是在脱离尘世的生活中享受我的自由。后来我年岁渐渐地大了，我不敢说这有多大的好处。总之，在这时期内我渐渐地打出了我的路径，从冷酷的笑骂与偶逢的奖励中渐渐地取得了认识与评价，虽则毁与誉的等分还不过是地面上水与地的比量。

如果你们要知道我为什么在早年便有那样的大胆，我可以说，彭加耳抒情的诗歌是给我勇敢的一个泉源，我到如今还忘不了他们的影响，那样规律的自由，那样无忌惮的表现。我记得那些诗歌最初印行的时候，我还只12岁。我从我的长辈的书桌上私自偷得了诗本。我明知是不应该的，像我那样年纪不应得那样的放肆。我应得好好地上我的学，交我的考卷，上正规的方向，避去危险的路径。并且我那时偷着念的诗歌大都是男女恋情的，更不是十多岁的小孩子应得研究的。但是，幸而我那时的想象力只爱上了他们的形式与声调的美；所以，虽则那些诗歌满充着肉艳的彩色，它们也只是轻风似的吹过我的童心，并没有扰乱我的方寸。

我那时在文学上无赖的生涯还有一个缘由。你们知道我的父亲是一个新宗教运动的领袖，他是根据优婆尼沙昙(Upanishads)的教训，主张绝对的一神论的。在彭加耳的人看来，他差不多与主张基督教的一样的荒谬，也许更坏些。所以我们与当时的社会绝对的没有交情，不相往来，这又是强迫我做叛徒的一个原由，脱卸我服从过去的负担。

我家里的人多少都是有天分的——有的是美术家，有的是诗人，有的是音乐家——所以，我的家庭的空气里只是泛滥着创作的精神。我差不多在十岁的时候就感悟自然的美，嫩色的草木，流动的云彩，太空中随季变换的鸟声的风籁，都给我一种亲密的伴侣的感觉。同时，我对于人情的感受力也是很深很强，也要求文字的表现，我尤其想用我自己的工具来传达我内在的情绪。真挚的情感自然的要求真纯与正确的表现，但是我那时工夫太浅，不能发明完善的方式，抒写蓬勃的心境。

从那时起，我在我的国内得了声名，虽则一部分人到如今还是很强烈地反对我。有人说我的诗歌不是从我们正宗的炉火里熔冶出来的。有人说我的诗太不可解，也有人说我的诗不够洁净。事实上，我在我的国内从不曾有过全盘的承受，这也是一件好事，因为最容易使人堕落的是成功。

这是我的文学的生涯的梗概，但是，我自己口里的传述是有限的，可惜我再没有别的方法，能使你们更亲切地了解我的著作的生平，我盼望你们将来有机会看我彭加利文的原著。我们的文字是不大量的，吝啬的。除非你直接去求教她，假如你单凭译文去认识她，她是不轻易开放她的宝藏给你看的。你得亲自地去温存她，殷勤地去伺候她。诗歌是心灵的表现，他们不比得金银或是别的实体的物质可以随便兑换的。你不能从一个代理人的身上得到你爱人的微笑与妙瞬，不论他是怎样的尽心与尽职。

我自己也曾经想从文字里寻得欧洲各国文学的妙处。我年轻的时候曾经尝试但丁（Dante），但不幸我看的是译文。结果是完全的失败，我凭我的良心，只得中止我的尝试。所以我的檀德只是一本关紧的书，我始终没有认识他。

我那时也想学德文，我最初念海涅（Heine）的译文时便窥见了一瞥的神光。幸而我认识一个传教的德国女士，我就请求她的助力。我用功了好几个月，但是因为我有的是小机灵，那并不是件好事，我就缺乏耐心。我有的是危险的小聪明，什么意义一猜就着，太容易了。我的先生以为我真的已经通达了，其实并没有那回事。但是，我居然念完了海涅，念得也很高兴。其次，我就尝试歌德（Goethe）。我的野心太大了。我拿起了《浮士德》，凭着我有限的德文知识，也居然念完了。我想我总算进了宫院的大门，但是我恰没有开门的秘钥，没有进内院去瞻览的特权，我只是寻常的游客，只准在客厅内小坐，虽则也很舒服，恰不能使人满意。他的抒情的与此外的诗歌更不是我的份了。所以认真地讲，我并不懂得我的歌德，还有许多伟大的明星也是因为文字的关系我始终不能分润他们的光亮，这正是当然的情形。你如果不经由朝拜的行程，你如何到得了神座的跟前。所以，你们单看译本是很不容易看到我们的文字的真相，你得自己亲身来对她求爱，得了她的柔情，你方才可以见到她的真美，因为她的妙处就在她的容貌与丰采，并不是货物似的存在她的栈里。

你们猜想我是一个诗人，但是你们的证据是很薄弱。你们的信仰是含糊的，所以你们想收集外貌的凭证来加添一些重量。你们因为我有美丽的花白胡须，所以你们就确信我是一个诗人，你们这么说很使我满意。但是，我的虚荣心还想要求你们更深刻的认识，那才给我更深刻的满意，我盼望你们能够从我的声音里认识我，我的声音就在我的诗里。我真的期望我的话能够引诱你们来学彭加利文，我盼望坐在我对面笔记的诗人能够发这样一个愿心。我愿意收他做我们的学生，尽我的力量来帮助他。我要请你们来看看我们在彭加耳所做的事业。我们的文学有很大的前途，我们有的是真的文学，因为这里面有的是生命的真，不仅仅是辞藻，我乘便也想告诉你们我们新近的艺术运动的大概。

我的侄儿 Abanindranath 是这新艺术运动的领袖，前途也很有希望。我同来的朋友鲍司（Nandalal），他也是一个大美术家，如果他愿意对你们讲，他可以使你们知道这运动逐渐发展的情形，与他内在的生命。

至于音乐，我自己也算是一个音乐家。我曾经制作不少的诗歌，完全不顾正宗派音乐的原则，因此很多人都怪嫌我的莽撞，因为我所以大胆的缘故只为是不曾受过正式的训练。但是，我还是继续我的工作，上帝容恕我因为我自己不知道我做的是什么。也许在艺术里工作，这是最好的方法。因为我发现责备我的人他们自己先就唱我的歌。他们并不愿意喜欢我的歌，他们相信他们并不喜欢我的歌，但是他们还是免不了唱我的歌，虽则不一定唱得对。你们不要以为我的虚荣心大。因为我是虚心的，所以我能够客观地评判我自己，能够堂皇地称赞我自己的作品。因为我是谦让的，所以我不迟疑地告诉你们，我的诗歌在我的国民的心里已经取得了永久的地位，像春天的鲜花似的永远有他们的生命。

而且不仅当代的，就是将来的人们，在他们欢欣或是忧伤或是逢到喜庆的日子，我的歌调就会不期然地在他们的心里流出，他们忘不了我的声音。这也算是一个革命家的成就。

（徐志摩　译）

我的宗教

有人告诉我，中国不需要宗教。我觉得难以置信。人们总是用自己狭隘的宗教教派的定义，去判断他们邻居的宗教。我敢肯定：如果我有幸在中国多住一些时日，我就能够理解中国内心深处拨动的心弦，理解心灵的音乐。但是，我的访问是短暂的，还不幸地被许多约会所打扰。这使我无法与那些在单纯的心地里活跃着自己国家的传统的人们进行亲近的接触。

人们要我给你们讲一讲我自己的宗教观。我之所以不情愿讲这个，其中有一个原因是，我并不是因为偶然的出身而被动地接受特定的宗教信仰，才走进宗教的大门的。我出生的家庭，是我们国家一个遵照《奥义书》中圣贤的言论的伟大的宗教的复兴运动的先驱。但是，我的个性使我不可能只是因为周围的人们相信某种宗教教义，我就非要去接受它不可。我无法想象，只是因为我信任的人都相信某种宗教，我就去相信。

因此，我的心灵是在一种自由的空气中成长起来的，不受任何由某些教会支持的经文的约束，不受任何有组织的崇拜者的言论的约束。因此，当有人问及我有关宗教的事情，我并没有任何事先规定非得遵守的立场，没有受过系统训练的答案。

我来中国至今，关于相信宗教的理由，只被问及过一次。有一个大学生想向我了解我之所以相信上帝的理由。我的确试图告诉了他，但我必须承认，理由与事实是截然不同的，正如人们不需要明白光学理论就能觉察到光线一样。如果我的理由出错，那么，我信仰的真实性不会变得无效，因为信仰的真实性的证据，是出于想象，而不是出于逻辑的。因此，向我发问的人完全有理由不相信我的想象，从而拒绝我的陈述。这样，受众人敬仰的某本宗教经籍的权威性，比某个个人的辩护，更有分量。因此，我从不去要求传教的权利，从不自视为人们在宗教道路上的导师。

我的宗教，完全是诗人的宗教。它用无影无踪的渠道感动着我，正如它赋予我音乐的灵感一样。我的宗教生活像我的诗歌生活一样，在沿着同样的神奇的线路进行。在我不知不觉之中，它们不知怎么地结合在了一起，并且有一个很长的订婚仪式。然后，突然有一天，我才知道它们的结合。

那时，我生活在一个乡村里。那是一个寻常而琐碎的日子。刚刚干完一上午的工作，我正准备去洗个澡，这时，我在窗前站了一会儿，俯瞰一条干涸河流岸边的一个市场。突然，我感到了心灵的颤动，种种散落的、模糊的事实找到了一个巨大的意义的组合。我的感受，就好比一个在迷雾中不辨方向、正在摸索的人，突然发现自己已经站在家门口了。

我记得，自己小时候有一天，在经历了学习彭加利文字母的痛苦过程之后，不期而遇地拼写出了第一个句子，意思是“下雨了，树叶在摇动”。我为这句话带给我的景象而激动。原本毫无意义的碎片，失却了其孤立性，而我的心因这意象的组合而欣喜若狂。同样，那天上午在那个乡村，我生活中的种种事实突然成为清晰的真理的组合，出现在我面前。一切原本看来好像起伏不定的波涛的事情，如今在我心里显现为无边无际的大海。从这次开始，我一直保持这样一个信念：在我关于自然和人类的所有经历中，有一个关于精神现实的真理。

如果我告诉你们在那天偶然有此感悟之前我曾经探索了很长时间，你们就会理解我。我希望你们原谅我，在我坦陈我有诗歌天赋，能细腻地回应内心深处情感的一呼一吸时，不要认为我是在自我吹嘘。我从幼儿时代就细腻敏感，我的心无时无刻不在感受周围的一切，自然的，人性的。

我们的房子就连着一个花园；它对我来说就是童话世界，每天都有美丽的奇迹在发生。几乎每天清晨，我都会急忙起床去问候闪烁摇曳在花园四周的椰子树叶上的第一丝粉红色的黎明曙光。小草上的露珠在清晨的微风中颤动发光。苍穹之下，我似乎感到有人陪伴，事实上我的整个身心在这静默的几小时里饱饮着阳光和宁静。我唯恐失去哪怕一个这样的黎明，因为我惜晨如金，如同金子之于守财奴。

我有幸具有那种对凡事都感到惊奇的特点，这使得一个孩子能够深入探究万事万物存在的奥秘。我不大在乎我的学习，因为它们粗暴地让我远离我的周围世界，即我的朋友和伙伴们。当我13岁时，我逃脱了那种竭力想把我囚禁在高墙里课堂教育体系的控制。

这也许能向你解释清楚我的宗教的含义。这个世界因我而存在，与我的生活亲密无间。我至今还记得当某个医科学生给我看人的气管，并且试图激起我对其结构的敬佩时，我当时的震惊和厌恶。他竭力说服我那就是人类美妙声音的发源，而我对此恨而拒之。我并不仰慕工匠们的技艺，相反，我爱分享艺术家们的快乐，他们能巧妙地掩饰构造，创造出无以言表的和谐整体。

上帝并不在意让地质学记录他的神迹，但他对美的种种表达却深感骄傲。他让大地铺满了绿草，点缀着鲜花，云彩缤纷，流水淙淙。

我不清楚是谁或是什么东西触动了我的心弦，如同一个婴儿不知道他母亲的名字，或者说不知道他母亲是谁、不知道她是什么。我常常深深感到，我满意于自己的个性和人格，它们从四面八方通过生活交流渠道汇入我的本质。

对我来说，最重要的事情就是我对周围世界的感受敏锐如昔，从不迟钝。云彩还是云彩，花还是那朵花，这已经足够了，因为它们直接与我对话，因为我不会对它们无动于衷、视而不见。我至今还记得那一时刻，那是一个下午，当我从学校回到家中，跳下车来的时候，突然看到，在我们房屋的上层平台后面，厚厚的雨云笼罩了周围，投下一片阴凉。让我为之感到奇异的是，它的慷慨大方的表现，给了我一种欢乐，这欢乐是自由，这样的自由我们只有在朋友的爱中才能感受到。

在另一篇文章中，我曾作过这样一种解释，我设想有一个来自外星球的陌生人拜访我们的地球，突然听到留声机发出的人类的声音。对他来说，最清楚不过了，看似最活跃的是转动着的唱片；他不能发现这一事实背后的人之所为，从而将唱片这非人性的东西认作是最终的科学事实——可以被触摸、被测度的事实。他可能奇怪，一个机械的东西怎么可能同灵魂说话呢。如果他深入探索这个奥秘，领悟作曲者的意图，他会突然了解音乐的核心和意义就是与人沟通。

我们可以衡量接收信息的多寡，但我们所得到的快乐却不能以多少组原子和分子来解释。在编排这个世界的时候，在某个地方似乎很关注给予我们快乐。可以看出，在茫茫宇宙中，在超越事物和力量之上，某种信息会神奇地触动你的个性。这种触动不能被分析，只能被感受。从外星球来的那个陌生人的经历证明，最能让他的同伴心服口服，虽然看不见唱片中那个人的个性，但通过机器却能与灵魂直接对话。

是不是仅仅因为玫瑰花是圆的、粉红色的，它就比能用来买每日所需、能买奴隶的金子，给我更多的快乐？也许一开始你会否认玫瑰给予我的快乐确实比金子的多。但你必须记住，我并不是在谈论其虚有的价值。如果我们穿越一片金子沙漠，那么，这些闪闪发光的颗粒足以让我们恐惧，而看见玫瑰就听到了天堂的音乐。

我们从一朵玫瑰那里得到的快乐的最终含义，不在于它的花瓣有多圆，这就如同从音乐中得到的最终快乐不在于唱片本身一样。我们似乎觉得，爱的语言通过玫瑰触及到了我们的心灵。

难道我们不是常常送一朵玫瑰给我们心爱的人吗？与我们的日常语言不同，它已经传载了不可被分析的信息。靠着玫瑰这世界通行的欢乐语言，我们表达着爱。

在印度，毗湿奴（Vaishanna）教是一种充满象征意象的宗教。爱神的笛子时吹时停，不同的音符表达出自然界和人类中的美。这些音符在邀请着我们，鼓励我们走出以自我为中心的生活，走入爱和真理的王国。我们听不见自然的声音吗？抑或是我们的耳膜已被这世上追求享乐的叫嚣、集市的吵闹声给震聋了？我们想念爱神的声音，因而我们争斗，我们抢夺，我们剥削弱者，当我们把他人的东西占为己有时，我们得意地笑，我们的生活已变成沙漠，因为我们背离了自己的世界——在那个世界里，爱的溪流从蓝天直流而下，汪积在地面。

在现实世界里，如果你打开工具商店的那道秘密的门，你就会进入一个堆放着很多机械设备的昏暗的大厅，可以找到对你有用的东西，但借着它你却永远不会取得最终的成功。这里有一个堆满了数不清的事实的仓库，无论它们是怎样必不可少，它们本身却并没有储藏着成就。但是，和谐的殿堂就在那里，爱神就实实在在地在那儿。当你到达那儿，你就会立刻意识到你已经到达了真理，到达了永恒，并且会欣慰地感到终极其实就是无极。

单纯的事实信息，单纯的力量发现，都属于事物的外在东西，而非事物的内部灵魂。当我们通过聆听真理发出的音乐而触摸到真理时，当真理向我们内心的真理发出的问候而感到欢乐，从而使我们触及真理之时，喜悦是我们认识真理的一个标准。一切宗教的真正基础就在于此，而非在教条中。我以前说过，我们不是由于有以太波才看到光线的；清晨并没有等待着科学家们的引荐。同样，只有当我们感受到了真正的爱或善，而不是通过神学家的解释，也不是通过对伦理道德教义的广泛讨论，我们才会触及在我们内心里的无限现实。

我在前面已经承认，我的宗教是一个诗人的宗教；我对宗教的一切感受来自观察而不是来自知识。坦白地说，我不能满意地回答关于罪恶、关于死后会发生什么事的问题。然而，我确信，总会有这样的时刻，我的灵魂会触及无限，我的灵魂会受到欢乐的启示因而强烈地意识到它。我们的《奥义书》曾说过，我们的心灵和言辞因为对最高真理的迷惑不解而相互脱离。但是，知道这一点的人，凭着自己灵魂的欢乐，将摆脱一切疑惑和畏惧。

夜间，我们被某些东西绊倒，并且确切地意识到这些东西是独立存在的。然而，白昼揭示了这些东西伟大的内在统一。人的内在眼光沐浴在意识的光芒中，他们立即能认识到精神上的统一能驾驭不同种族，他们的内心也不会在人类世界个别的单独的事实上纠缠不清、迟疑不决，也不会把这些事实当作最终的结论；他们认识到，平和是寓于真理之中的内在和谐，而不是任何外部的调整；美能永恒地保证人们与现实的精神联系，而现实则期待着在我们爱的回应中达到它的完美。

（秦　悦　译）

我的到来

今天是我欢喜的日子，我多多地感谢你们，把我从遥远的印度请到你们的国家，这真是我难得的福气。

我有几句供认的话对你们讲。最初我接到你们邀请我的信，我心里很踌躇。我从书本上看到关于你们的宗教与习惯的种种不同的说法，我认不清哪一家是对的。我心里想："他们要我去究竟是存什么盼望，我去时又有什么好消息带给他们？"

年前，我心里只是迟疑不决的，屡次展缓我的行期，一半固然是因为我的身体不健，但是老实说，一半为是决断不下。正在那个时候，春天到了，我们的春天比你们来得早。我本来打算坐定一时，着手我的讲演，因为用英文讲演我是要预备的，但是春光来了，诗人也有了他的感召。一天一天的，乐调来到了我的心里，自然地形成了新鲜的诗歌，我不由地忘却了我自以为应尽的责任。

但是，我那时还是满怀的不自在。像这样的白费光阴，什么事也没有做成，只做什么无聊的诗歌，我如何能对得起中国盼望我的朋友。但是，你们也明知诗人是不会履行什么职务的。诗人的职务，如其有，也无非是开张着他的乐器，擒拿着太空中生命秘密的颤动，调谱他的先觉的妙乐。

是的，诗人的用途只在生命苏醒的俄顷，他来朗声地布告，说虽则人们还不曾察觉，河里的坚冰已经渐次地苏解，严敛的、萧条的、冷酷的寒冰已经无形地消隐。它的无情的冰链曾经封锁住整个的世界，恫吓爱和暖的人群，蛰居在紧闭的户内。紧闭的门户快开放了，现在春天已经来到。

我信托你们一定体谅我的怠惰，体谅我的放弃责任。那时我心里忽然会悟，也许你们的邀请与春风的感召只是同一的消息，你们自己当年潇洒的诗人还不是一样地在春风里举杯自醉，他们也何尝记得他们的职务？我也只得荒废我的职务，我愿意放弃你们的尊敬，取得你们的钟爱与姑息。在其余的国内，我就不敢想望这样的优容，因为他们从不放松他们的严厉与督饬。他们是丝毫不容假借的。所以，我为顾全自己起见，也只得兢兢地尽我的责任，忘却我的诗神。

我方才说过，诗人们的使命是在勾探太空中无声的音响，启示梦境似的微妙的色彩，鼓舞理想的信仰与努力，像春风似的，带来消息。私语怀疑的人间，不久便有绚烂的花朝。

现代的世界上多的是缺乏信仰的人们。他们不知道信仰是创造的势力，不知道对于一个伟大的未来的信仰自身，就会创造个未来，没有信仰，你就不认识机会，你就容易错过机会。有信仰的人们曾经产生过他们伟大的文明。顾虑与怀疑只是滋生无益的争讧，真文化的建设者只是有信仰的人们，他们有的是不存猜疑的童真，他们是梦人。这创造的天才，你们可以在你们的历史里看出，凭着信仰的真诚永远前向进取，不问阻碍与限度。现代所谓怀疑派的批评恰只能摧残，不能生产任何的果实。

所以，朋友们，来吧，认定我们的标准，再不必游移我们的信仰，我们的是一个紧要的时期，这是所有的民族结合的时期。现代的流血与苦痛是不能容许的，我们人类的灵魂在烦恼中想望和平，厌倦了争竞与扰攘的生活。我们都盼望这件大事的实现，现在有的是可喜的机兆。你们这次邀我来到中国，便是一个凭证。

在这几百年间，来打扰你们平安的门庭的，无非是商人与兵士与种种不讨欢喜的宾客，但你们从不曾想着到外邦去邀请诗人。今天，我竟然到了你们的中间。这不是一件大事吗？——不是对我个人人格的礼貌，这是遭逢这新纪元的春光的敬意。所以，你们更不必问我带来什么消息。从前的人们曾经用白鸽递传音信，在这争战的世纪的人们，也一般地宝贵他们的羽翼，但他们恰不再珍贵他们云外的翱翔，他们只是利用他们来增加血流的分量。所以，你们千万不可利用诗人们来布传消息！

我的希冀只在共同你们新来的生命的动荡，共同你们的想望与欢欣，我求你们容许我参加。我不是一个哲学家，你们只须当我诗人看待。在你们的心里替我预备着一个地位，不要在公开的讲坛上安置高座。我只求得你们的心，我要你们的情爱，不教辜负这难得的时机。我相信，你们的前途有一个伟大的将来，也就是亚洲的将来，我盼望哪一天你们的民族兴起，表现你们内在的精神，那是我们与有荣华的一桩盛业。

我并没有夸张过分的种族感情，我同时也不蔑视传统的价值。我记得千年前印度献给你们它的情爱，契结了不朽的友谊。这层亲族的关系，我盼望，还是在着，在东方民族的心灵里深深地隐着。在这千年内，我们往来的道上也许满长了蔓草，但我们却不难发现往来的踪迹。我们共同的事业就是去除我们胸膈间壅积着的杂欲，再来沟通这个名贵的情感的交流。

我想起我们的祖先怎样地排除万难做成的事业，我不由得不期望现在在你们中间也有伟大的梦想者奋起，凭着友爱的使命，征服一切的乖异，填平所有的崎岖。亚洲有的是伟大的梦想者，他们曾经用他们情爱的甜露，遍洒在苦辛的人间。

现在时期又到了，我们正在期望着这样的梦想者的露面，重新这大洲的使命，再发祥一度的光华，贯彻天空里层累的恶云，光照着生命的途径，那才值得我们的欢欣与自负。

（徐志摩　译）

我的使命

在你们一座庙宇的附近，石壁上刻着一幅画，是千百年前从印度来的一位佛徒的像。他来的时候看那座山峰，正像他在本乡相识的山峰。我听说你们的传话，这山是从印度飞来的，实在是他在印度认识的那座，山有一个梵文的名称，意思是鹫鸟峰，他见了这里相同的，心里就快活，所以你们也就把它叫作灵鹫峰。

我这回来，也曾饱餐了你们美丽的湖光与周围的山色，我看来也不觉得生分；因为你们的山峰还不是与我们的山峰说一样的话？你们的湖还不是与我们的湖带着一样的笑容？你们的树木与我们印度的树木还不是天生多少相同的面貌？所以我在此地美丽的山水间优游时，我就想着地面上各国的外貌原来是无甚分别。我又转念，我们人类却反没有彼此可以交通的共同语言，我心里不由地怅惘。但这也有它的好处。想要彼此认识，我们就得费相当的工夫，付相当的代价。当初我们都是陌生的，除非我们勇敢地努力，我们便不容易得到彼此的情爱。在这彼此求相识的道上，多的是障碍与困难。爱的职务就在扫除一切的障碍，开辟一条平坦通行的大路。

在那石壁上刻着的那位大师，他来时不仅发现你们的山水与我们的山水的一致，他也发现他的心地与你们人民的心地间也有天然的一致。有一处石壁刻着的是一个中国人献饭食给他，那是一个极美的象征。我是他的后代，我也是从印度来的，我所以也要从你们的手里求讨真挚人情的饭食。

我知道，在你们里面大多数是不认识我的，但是，你们都到这里来看我的面貌，听我的声音，仿佛有什么引力似的。我想你们并不盼望我给你们什么消息，但我相信你们来是为千年前印度与中国曾经缔结的因缘。那是一个光明的时期，我们的祖先远送他们的爱心给你们的人民，他们渡过了大海，渡过了沙漠，不为谋利，不为夺地，只带来他们最纯洁的情感，最宝贵的智慧。

这是印度在历史上的伟大的事业，开辟阻碍，建设通路的事业。我们先得感念这造路的人们，他们利便的不是金钱与势力，在他们的道上往来的只是民族间胞与的情分。现代有的，是实际的交通，人类有的是相互亲近的方便。但正因为太易，我们彼此真切的相知的机会却反是真的困难。

我们来大都只为游历。我们来只看见生活的表面。再加之我们的文明出产了它的“硬壳”，我们到处都带着跑。随你到哪一国都有你日常用惯的食品，有你的设备舒服的房间，这舒服就好比是一座堡塞，拦着你不得接近当地的人情。我们走进了大旅馆的大门，我们同时走出了我们来到的乡土。我们来总是有所为的，不是这样，便是那样。这一有所为，我们的见地便失却了清切，我们望出去只见我们惴惴营谋的事业，我们的眼前障上了一层盲翳。

从前古人们来时不带着什么种族优胜或是宗教优胜的存

心，他们带来的只是他们满溢着的情爱；这是他们献给你们的礼物，你们当时也就欣欣地来接受他们的礼物，准他们住在你们的中间，死在你们的乡里。他们这一路来不知经受了多少不可想象的困难与烦恼，他们亦一定感受异样的水土的不便。我们也一样是从印度来的，但我们却实在不觉得什么生活的生分。这是科学的功绩，使我们容易彼此接近，但这同一的科学也使我们容易彼此相残杀、相侵略、不相结识、不求了解，却自以为相识与了解。

所以，这远邦变成近邻的事实，到如今还只是一件外表的事实，不值得人类的自负。实际上，我们彼此接近的时候，只有彰明的恶业，并不会发生什么亲切的关系。我们形成的只是群，不是体，只是聚会，不是社会。这是一个莫大的耻辱，现在时候到了，我们应得协力同心的扫除这耻辱，救济受苦的人类。

我的朋友们，这是我的使命。我来是为求你们重新沟通那条情感交流的水道，我盼望我们可以寻出原来的踪迹，虽则已经长满了时间的蔓草。如果我这次来可以使印度更加亲近中国，使中国益发亲近印度，不为政治与商业的关系，却仅仅为纯粹的人情的贯彻，那我便自分是我莫大的幸运。

我爱你们湖光与山色的美丽丝毫没有困难，为什么我来亲近、认识你们含得有多少的周折？我是一个人，有的是人情，我只愿意结识你们的人格，沾润你们的人情，我并不妄想来改进你们的心智或是道德。我们只要认明：人情的和合，不教糅杂丝毫有所为的动机（不论好坏）时，是最自然不过的。我们只要能实现这一点，那时现代民族间所有的误解与谬见便可以通体地消除。我求你们帮着我们共同的努力。我们是绝对的没有权力，不论是政治的、军事的，或是商业的。我们印度是一个战败的、屈辱的民族，在实利的世界里我们不知道怎样来帮助，也不知道怎样来伤害你们。但天幸我们可以做你们的客人，做你们的兄弟，做你们的朋友；我们相信这日子已经到了。

你们请了我来，我也要请你们到我们那里去。我不知道你们曾否听着说起我在印度设立的学院。它那唯一的目的就在叫印度欢迎全世界到它的心窝里去。让我们来共同致力，把貌似的阻碍变成交通的途径；让我们联合起来，虽则彼此间有种种的不同。天然的不同正是我们天赋的个性，彼此交换的礼品。我们不必彼此求同，人类生活的丰富正在这种种的不同。我们期望各家的种族都能保存他们自有的人格，我们不稀罕无灵性的刻板与划一；我们要的是精神的一贯，那是富有生命的。

（徐志摩　译）

我的信念

几年前我曾应邀前往美国。途中，我在日本稍作停留。与大多数新富裕起来的国家一样，日本颇为自己的繁荣而感到骄傲。我当时的感触是：不应该在突然而至的财富面前唯唯诺诺。我们应当知道，一个国家突然惊讶于巨大的政治成功，从历史的角度说，这是非常危险的。考验是严峻的，傲慢的沙暴会湮没智慧的路径，它必须用尽全身的力气，将自己拯救出来。

傲慢导致盲目性，造成隔阂，埋下毁灭的种子；傲慢使其与周围邻居摩擦不断，渐渐磨蚀了我们用以防卫的盔甲。

在亚洲，我们必须寻求力量的联合，坚信正义，绝不相信自私自利的分裂和自以为是。这是东方的心声："柔顺者将继承地球。"因为温顺的人从不鲁莽无礼，浪费能量，而是顺应一切稳固，建立真正的繁荣。

在亚洲，我们必须团结一致，这种团结并不是通过某种机械的组织方法，而是通过真正的同情心。机器的联合力量将要重创我们，吞噬我们，我们必须获得拯救。靠着一种活的精神力量（而非机械力量的相加），靠着有机力量的积累，我们将获得拯救。我们应该向西方借鉴科学，这是对的。我们接受西方人的才智，我们必须认可他们巨大的才智和优势。但是，如若我们忘记自己的道德智慧，这无疑是一种堕落，无疑是对祖先的一种羞辱，因为这笔财富，远比创造出无数物质成就的制度都更有价值。

我深切地感到，这种堕落和灾难已经征服了这个世界。人们的心灵被催眠了，他们的膝盖跪拜在金钱和权利的偶像前。我在旅行中发现，对付这种有组织的个人主义的培植，仅仅靠说教是不够的。我得出结论，我们所要做的是给予教育一种理想，这样，我们的孩子就可以在一种更崇高的生活氛围中成长。

在过去一段时间里，教育缺乏理想，纯粹的智力操练没有任何感情可言。让学生心里产生唯一的愿望，就是要去赢取财富和权利，而不是追求某种内在的完美，或是寻求自我的解放。这种理想不值得人类去追求。

近一个半世纪以来，世界上的已经开化的民族都已经放弃了一种精神信念，不再追求完美。他们的命运是可以预见的。当我们东方人为他们的成功而感到眩目倾心时，我们必须知道，我们所看到的闪现在西方地平线上的红光，不是初升的朝霞，也不是为新生儿绽放的礼花，而是欲望的烈火。看着像火苗一样突然闪现的成功，只有那些丧失心智的人，才会痴迷着魔，就像被蛇咬伤的人，盯着蛇闪亮的双眼而不知逃逸。

我再次表明，我们必须接受西方的真理，即使仰慕和赞美，也不为过。如果我们不接受西方的真理，我们的文明就会流于片面、呆滞而又了无生气。科学，给了我们思考和推理的能力，使得我们能够积极地发现自己所追求的理想的价值。

我们需要这种发现带我们走出模糊不清的地方，走出毫无意义的习惯。为此，我们应当满怀感激地向西方活跃的心灵寻求帮助，永远不要再激起对她的仇恨。再者，西方人也需要我们的帮助，因为如今我们的命运是绑在一起的。

当今时代，如果把其他民族排斥在自己的范围之外，没有一个民族能孤立地取得进步。让我们用心中最美好的东西，而非最卑劣的东西，去赢得西方的心，为她着想，同她打交道，不为复仇，也不去藐视，而是抱着良好的愿望和理解，本着相互尊重的精神与之交往。

我们的“毕希伐婆罗提”（Visva Bharti）国际大学正是代表了这种合作理想，这种人类精神的团结统一。我请求你们，我的兄弟姐妹们，你们当中还有人记得两国人民间曾经建立起来的爱的纽带。

（秦　悦　译）

我们的亚洲

亚洲曾把整个世界从蛮荒中拯救出来。不知为何，黑夜接着就降临了。当敲门声将我们从迷糊的睡梦中惊醒，当欧洲带着力量和智力骄傲地走来时，我们丝毫没有心理准备。西方来了，不是给予我们他们最好的东西，也不是发掘我们最好的东西，而是来剥削我们的物质财富。它甚至登门入室，抢劫我们仅有的一点财产。欧洲就是这样征服亚洲的。

我们对欧洲不公平，因为我们并不平等。其结果是，我们之间的关系是优越与低劣；一方侮辱，另一方蒙羞。我们像乞丐一样接受施舍。我们一直把自己想象成一无所有。我们仍然受着没有自信心的折磨。我们没有意识到自己的财富。

我们必须从恍惚中醒来，证明自己不是乞丐。这是我们的责任。在你的家中找寻那些具有不朽的价值的东西。这样，你就自救了，并且有能力去拯救全人类了。我们一些东方人，认为我们应该抄袭模仿西方。我不相信这种做法。西方生产的东西为西方所用，不能简单地加以移植。我们东方人，不能借用西方的思想或西方的脾性。我们要找到自己的出身权。

搜刮和剥削，使西方道德沦丧。对人类的道德和精神力量，我们有着坚定的信念，我们必须借此为战。我们东方人从不敬仰与死亡打交道的将军，也不敬仰巧舌如簧的外交家，我们只敬重精神领袖。他们能拯救我们，否则，我们将要灭亡。物质力量最终不是最强大的力量，这种力量会摧毁它自身。机枪和战斗机能使无数生灵丧生其下，而西方也正沉入其灰尘。我们不准备步西方的后尘，去比较谁更自私，谁更残忍。

请想一想宇宙的进化。先是地球，然后是动物。先是黑暗，接着就是光明。然后，有了智力，物质生命因为有了思维而变得最强大。它把手伸向武器，扩大势力范围，人类成了其他动物的主宰。但是，进化并未停止。人类的另一种本能也在进化，这种本能不是去赢得，而是要放弃——那就是牺牲精神。

蛋壳里的小鸡，翅膀和腿已成雏形，还具有基本的视力。小鸡在壳里时，这些配备一无用处。但是，让我们设想，有一些小鸡即使在蛋壳里就隐约感到在壳外有个世界，在那儿它们可以充分地利用自己的潜能。另一些小鸡则富有理智而又爱好逻辑思维，它们也许会争辩说壳外根本没生命。人类也同样分为两种，一种相信壳外的世界，一种却对此不抱幻想；一种人相信我们有能力，但不能仅仅以智力因素来评断，另一种则认为我们没有才能。

正是黄昏时分。我们不能充分理解外面的世界。我们在蛋壳里。敲破蛋壳，牺牲自我，是一种损失，但不是一种绝对的损失，因为所得远比所失大得多。所有宗教的出发点都是以牺牲换取得来的。这已是许多人的信念。这种基于内心的信念是对人性的信念。当我们舍出自己时，我们才能得到自己。

蜜蜂只采集花蜜，但是，有灵魂的人总是找寻花儿以外的东西。本能指引着他走向终极真理——是最终的，而不是进一步的价值。我们崇信无限。在意志的领域，我们能触及无限。

真理不会与事实相混淆。邪恶的本能只不过是需要否定的事实。但是，事实无法与真理相抵触，因为真理是精神永不熄灭的光芒，它能够征服一切。我们最终听到的声音不是怀疑和否定，而是信念和爱。真理已经赢得了人心。否则，世界早已陷入黑暗。我们应该为真善美作出奉献。

对灵魂的信念孕育了你们社会生活中的文明。你们是存在时间最长的民族，因为多少世纪以来，你们的智慧是坚信善，而非坚信力量。这造就了你们辉煌的过去。你们来听我演讲，是因为我讲的是亚洲，我为我们这块大陆而感到骄傲，我感谢你们对我的欢迎。

物质力量与精神力量

我刚接到来中国的邀请时，我不知道你们大家是否都想请一个从印度来的人。我甚至听说，有的人反对我来华，因为这会抑制你们对西方的进步和力量的特殊热情。是的，如果你们想请的人来此推波助澜，那你们请错人了。我帮不上什么忙，因为你们已有一万个富有才干的老师找上门来了。

我在此提醒你们：那些让你们依赖物质力量强国的人，他们既不通晓历史，也不懂得文明。依仗力量是野蛮时期的特征，寄信于此的国家不是被摧毁，就是还处于蛮夷时代。

其他一些国家，又把聪明才智加上物质力量，以获取更多的强权。我们不能蔑视科学和物质进步，就像我们不能轻视自己的身体一样；但是，力量仍然不能使一国强盛；仰仗力量的国家不是已经灭亡，就是又倒退到野蛮时代。

合作和友爱、相互信任和相互帮助，才能带来力量和文明的真正进步。新的精神和道德力量一定会得到持续发展，使得人们能消化科学发展的成果，控制使用新武器或新机器，否则，这些东西将主宰、奴役和杀戮人们。

人类正逐渐地失去自由、人性和生活，好让自己适应巨大的机械组织，无论是科学的、政治的、经济的，还是军事的。我们看到，今天的强权和才智文明，披着面纱以掩盖其吃人的习性。科学抑制了人类的精神，而不是屈从于人类的精神：因为仅有科学的世界不是一个现实的世界，而是一个抽象的没有人性的力量的世界。

但是，许多人会指出中国和印度的弱点，告诉你，我们已经被那些强大的进步的民族抛开了，为了不致毁灭，我们有必要强调强权和进步的重要性。我也不想让主日学校的说教蒙骗你，即不义不会给你带来任何好处。我们民族中的许多智者，曾经这样说过：

不义使人得势，

不义使人得志，

不义使人得所欲得，

但他们将从根烂起。

耍外交手腕和动用蛮力，也曾取得过胜利，但这些只不过是以谎言外交和物质力量为基础的那种文明中的迹象，而谎言和力量已快要穷途末路了。谎言能够绚烂一时，但真正的生命却烂于根部。

你也许依靠今天的这种繁荣和权力。然而，还有明天。今天已为谎言和压迫所累，正在沉陷。我藐视今天，绝不能让它主宰我的目标。我有信念相信明天是平和的。我如何才能证明呢？我内心深处能证明。即使付出牺牲的代价，遭受侮辱和磨难，我们一定要继续相信和平，相信爱和善，相信理想主义。如果我们丧失人性，把上帝的世界变成荒漠，那么成功的价值又何在呢？

我是作为刚经历了寻求进步的民族中的一员与你们交谈，我要告诉你们：我随时准备接受躯体方面的缺点、羞辱和压迫，但我绝不承认失败，我的精神不能被征服，那才是最后的屈辱，才是纯粹的毁灭。这样，我才不会失去信念和目标。

我的敌人能宰杀我的躯体，但他们不能使我采纳他们的方法，否则我会仇恨他们。恶魔成了主人，要帮助我们，我们必须拒绝这种帮助，如果我们不想万劫不复的话。寻求正义，哪怕以付出成功为代价。

我对此深信不疑，但我不需要什么事实证明，事实只不过是些数字和数量，但它会误导和压制你；然而，一个个性化的世界胜过任何事实数据。真谛来自对无限的感悟和创造。我们接受、追随和敬仰给予我这样的真谛却未取得成功的人。在现代这个戴着面具的奴役和吃人的世界，我们需要一遍又一遍地倾听：

不义使人得势，

不义使人得志，

不义使人得所欲得，

但他们将从根烂起。

（秦　悦　译）

我经常逃课

我很小的时候就不再学习了，我经常逃课。这拯救了我，我今天的一切都得益于我当时迈出的那勇敢的一步。我不去听那种不能启发灵感的枯燥说教。我有一颗敏感的心灵，能感受生活和自然的召唤。

我们生于一个伟大的时代，如果我让自己的心灵麻木结茧，如果我让一摞摞的书本窒息了这种感受，我早就失去了这个世界。我们不可能看不见散布在蓝天里的朵朵白云，我们不可能闻不着四季鲜花的芳香，感受不到细腻的爱、关爱的同情和相互之间的友谊，除非我们窒息了自己的敏感，这种敏感在我感触现实世界、感受人类、感受自然万事万物时，让我们欢欣和惊喜。这种敏感我至今还有。

如果自然母亲能够的话，她会赠我王冠，祝福我，亲吻我。她会说："你爱过我。"我生活在这世界上，但我不是社会或团体的一员，我百无一用，四处飘游，然而，我每天与世界交流，自由自在。我探寻了世界存在的奥秘，它的心灵和灵魂。你也许会说我没有教养，没有修养，是一个愚不可及的诗人。你可以成为一个伟大的学者和哲学家，但我认为我仍然有权利嘲笑你迂腐的学问。

我确实知道，你们并没有因我的数学知识不及你们而看不起我，因为你们相信我找到了存在的奥秘——不是靠分析，而是像一个孩子走近妈妈的卧室一样找到了奥秘。我至今还保持着孩童对事物的新奇感。这种感觉引导着我走进母亲的卧室，交响乐仿佛从遥远的地平线向我奏响，而我也回应以歌唱。因为我的童心，我才能与你们靠得如此近，我在内心深处已把你们这些异国的年轻心灵视为走向梦幻之地的同路旅人。

（秦　悦　译）

朴素的信念

年轻人的意识不需要那些现成的格言警句去提示，不需要禁忌，也不需要书本上僵死教条去指导。你的心灵自然地渴求欢乐的阳光和生命的春天所带来的美感，让你的种子悄悄地发芽，绽放绚丽的花蕾。你的年轻就是上帝给你的礼物，就像晨星闪烁着新一天的希望，你们是国家的未来。我在这里为年轻人唱赞美歌，我是你们的诗人，你们年轻人的诗人。你们都知道那个童话故事——一个年轻人都喜欢的经久不衰的故事——一个全世界各个角落都在讲述的故事：一个漂亮的公主被凶恶的巨怪抓走了，年轻的王子踏上征途去把她从地牢里解救出来。我们在很小的时候听过这个故事，难道你不记得当初我们的热情是怎样被唤起的，仿佛自己就是那个解救公主的王子，克服种种艰难险阻，最终使她获得了自由。然而，今天人类的灵魂仍然囚禁在庞大机器的地牢里，我请求你们，年轻的王子们，感受你们内心的热情，把人类的灵魂从贪婪的锁链中解救出来。

我们从上海经由你们伟大的河流长江来到这里。夜晚，我经常起身凝视大江两岸美丽的风景，沉睡的茅屋亮着孤灯，宁静覆盖着山丘，大江在雾中忽隐忽现。天刚破晓，我惊喜地发现队队船只风帆高挂，顺流而下，这就是一幅完美、优雅、自由的生活场景。我的心为之所动。我觉得我的风帆也飘扬在风中，携我走出囚禁，走出沉睡的往昔，将我带入人类的伟大世界。

这让我想起人类进步历史的不同阶段。

夜晚，每个村庄都是一个自我中心，每间茅舍都毫无知觉地站在那里。我知道，当我凝视着这夜色时，模模糊糊的梦正飘荡在这些沉睡心灵的梦境之中。但是，让我感触更深的是，在沉睡时，人们被关闭在已经很狭窄的各自生活范围内。茅舍的孤灯在黑暗

泰戈尔在写作

中呈现着完美的孤独。尽管我看不到，也许正有一伙小偷悄悄地潜入村庄，他们是唯一醒着的人，伺机剥夺那些熟睡的弱者。

天色放亮时，我们就从各自封闭和分离的生活中走了出来。这时，我们看到了照亮所有人们、所有时代的光亮。正是这时，我们得以相互认识，在生活领域相互合作。这就是黎明时分轻快的船只带来的信息。舒展的风帆向我述说着自由，我为此感到高兴。我衷心希望并且祈愿人类世界的黎明真正到来，曙光已经划破天际。

在沉睡的世界里，各个民族把自己关在局限里，把自己称为国家，这种做法阻碍了自己，就像那些紧闭的茅舍，房门用门闩、木棒和各式各样的"禁止入内"顶住，难道我们生活的时代还属于这个人类世界的黑夜？难道这一切代表了文明时期的黑暗年代，难道我们还没有意识到强盗则是醒着？那些人高举着的火炬，不是文明的光芒，而只是照亮了抢掠者的道路亮光。

这仍然继续着的年代，一定可描述为人类文明史上最黑暗的年代。但我并不绝望，就像晨起的鸟儿，黎明尚在昏暗之中，它却先唱起了歌儿，准备迎接初升的太阳，我的心也在为那即将到来的伟大前景欢呼歌唱。我们必须准备好去迎接这个新的时代。有这样一些人，骄傲、高明又实际，他们说，人性并不慷慨，人类总是争来斗去，强者征服弱者，人类文明的真正道德基础从何而来？我们不能否认他们断言的事实：人类世界，强者掌权。但我拒不接受这就是真理的揭示。我想让你们记住：自然界有无数的巨兽。那时，有谁会认为它们会灭亡？可是，奇迹发生了。突然之间，在庞大和蛮力的欢宴上，人类出现了，没有武器，没有盔甲，赤露、矮小、皮肤并不粗糙。他发现了自己的潜能和智力，挺身用智慧做成的武器与蛮力较量。他顶住了，胜利了。

然而，人类的真正胜利还没有实现。今天，他半人半兽的子孙们在世界每个角落兴起，其恐怖形式，比那些史前巨兽更有毁灭性。最糟的是，他们毫不隐瞒自己靠的就是蛮力。这种兽性与智力的结合让人恐惧，对此狂热则很愚蠢，而它的武器又让人难以防备。它盲目，无所顾忌，因而比世界上任何一种力量都更具毁灭性。

我们东方曾试图给人的兽性套上口络，抑制它的凶残。但是，今天智力力量压倒了我们对精神和道德力量的信念。动物身上的力量至少与生命相互和谐，但是，科学所提供的炸弹、毒气、轰炸机和武器的威力却并非如此。

我们应该知道，真理，人类所获得的真理，是能够指导一切的。金钱和财物都属于个人，属于你们每一个，但是你们绝不能一味追求个人财富的增长——那等于是把上帝的祝福卖了赚钱。科学也是真理。它有它的位置，治愈病痛，提供更多的食品，让生活更惬意。但是，当它帮助强者碾压弱者，掠夺熟睡的人们的财物之时，真理就被用于达到不虔诚的目的，那些亵渎科学真理的人则为此遭受磨难，为之所害，因为他们的武器将掉转过来对付他们自己。

然而，一个新的时代、一个发现另外一种伟大力量的时代已经到来。这种力量让我们能忍受磨难，而不是造成磨难，这就是牺牲的巨大力量。这将帮助我们击退贪婪和自私，就像在史前智力战胜了肌肉。

让新时代的曙光照亮东方，让理想主义的溪流从远古流向今朝，让生命的田野因溪流的浇灌而更加肥沃。我请求你们尝试一下牺牲的道德力量。忍受和牺牲——并非是软弱和顺从，这是种英雄主义让我们显示我们最好的财富和力量。我们必须知道，没有组织（无论它有多大），没有力量的联盟能够帮助你，只有你对无限的、无形的、纯洁的、无畏的信念能够救你。

伟大的人类社会不是为谋利者创造的，而是为梦想者创造的。那些制造出无数商品的百万富翁们，从来没有创造出文明。他们将毁坏他人所创造的一切。快来把人类的灵魂从机器的地牢里拯救解放出来，宣告并且证明：人的精神支柱不在于枪炮和聪明，而在于朴素的信念。

（秦　悦　译）

美与圆满

我的青年的朋友，我眼看着你们年轻的面目，闪亮着聪明与诚恳的志趣，但我们的中间却是间隔着年岁的距离。我已经到了黄昏的海边，你们远远站在那日出的家乡。我的心伸展到你们的心，你们有我的祝福。

我羡慕你们，我做小孩的时候，那时仿佛是东方不曾露白。宇宙暗森森的，我们不曾充分地明白我们自己已经出世在一个伟大的时期里。那时期的意义与消息已经显露在今朝。我相信现在在世界上有的是人们，他们已经听着这时期的感召。

你们正可以自负，同时也应得知道你们的责任，如今你们生长在人类历史上最伟大的一个时期里。我们从我们的苦恼与痛楚的火焰里隐隐地辨认出这时代的伟大，这苦痛是普遍的，我们还不十分知道前途是何等的光景。

保持着生命的全部的一颗种子，并不知道它包涵着的完全的真理，就在那茎簭豁裂的俄顷，我们也不能断定这里面生命将次滋长成什么方式，更无从知道它将来的结成的什么果实。现在时代的茎簭已经豁裂了。这是全在你们，在你们各个青年的身上，给这个新生的生命需要发长的动力。

在人类的历史里，创作的力量虽则不甚分明，但这是人类的特权给它活动的方向，参与他们自己运命的发展。

什么是这时期里伟大的事实？那就是我们的门户已经开豁，一个广博的未来的使者已经来到，它已经敲打我们的大门，我们门上的阻拦都已经让路。

人类的种族都已经从他们的篱藩内出现，他们已经聚在一处。他们再不在他们隐秘的居处藏匿。

我们从前只是在我们自己邦家的店铺里单独地经营我们各个的生活，我们不知道在我们墙垣的外面发生的事故。我们没有智慧也没有机会去调和世界的趋向与我们自身的发长。

我们已经出来，我们不更在墙圈里躲着。我们现在应得在全世界的面前辩护我们的价值，不仅在我们容宠的家人前卖弄能耐。我们必得明证我们存在的理由。我们必得从我们各家独有的文明里展览普遍的公认的成分。

现在我是在中国。我问你们，我也问我自己，你们有的是什么，有什么东西你们可以从家里拿出来算是你们给这新时期的敬意。你们必得回答这个问题。

你明白你自己的心吗？你知道你自己的文化吗？你们史册里最完善最永久的是什么？你们必得知道，如其你们想要自免于最大的侮辱，遭受蔑视，遭受弃却的侮辱。拿出你们的光亮来，加入这伟大的灯会，你们要来参与这世界文化的展览。

我听得有人说，你们自己也有人说：你们是实利主义的与唯物主义的，你们不让你们的梦翅飞入天空去寻求辽远的天堂或是未来的生命。

如其这是实在的，我们正应得接受这个事实，更不必申辩，我们正应得认定这是你们特有的天赋，你们正可以从这里面设法你们的贡献。但是我却不能相信你们是纯粹唯物主义的。我不能相信在地面上任何的民族同时可以伟大而是物质主义的。我有我的信条，也许你们愿意叫作迷信，我以为凡是亚洲的民族绝不会完全受物质主义支配。在我们天空的蓝穹里，在太阳的金辉中，在星光下的广漠里，在季候的新陈代谢里，每季来时都带给我们各样的花篮，这种种自然的现象都涵有不可理解的消息，使我们体会到生存的内蕴的妙乐，我不能相信你们的灵魂是天生的聋窒。

唯物主义的倾向是独占的，所以偏重物的人们往往不让步他们私人独享的利权，攒聚与占有的习惯。你们中国人不是个人主义的。你们社会本身的基础就在你们共有不私有的本性。你们的不是唯物主义的利己心的产物，不是无限制的争竞的混淆，你们不是不承认人们相互的关系与义务。

在此地我看出你们不曾沾染现代普遍的恶病，那无意识的拥积与倍蓰财富的癫狂，你们不曾纵容那所谓“万万翁”一类离奇的生物的滋长。

我也听说，不与旁人一般见识，你们并不看重军国主义的暴力。这又是你们不是唯物主义者的证据。固然你们是异常的沾恋这个现实的世界，你们也爱你们的地土与实体的事物，但你们的占有性并不是无限度的，你们不把你们的产业包围在独占的高墙里面。

你们是好施与的，你们充裕时亲族都沾恩惠，你们是重人情的，你们亦不过分的营利。这又是你们不是唯物主义的一个凭证。

我这一路旅行我看见你们的人民怎样的勤力培植地利，怎样的勤力经营他们的产品，你们日常的用品也都是你们精心勤力的结果，处处都看出爱美好的本性与美术的天才。这又是你们不是唯物主义者的一个凭证。你们如其只是贪图物利，你们就不会有那样可爱的作品。

如其贪心是你们的主要动机，如其你们只顾得事物的实利，那时，你们周遭的美秀与雅致就没有机会存在。

贪心的成绩你们不曾见过吗：上海、天津、纽约、伦敦、加尔各答、新加坡、香港——这类奇丑的鬼怪世界上到处都是，都是巨大的丑怪。只要他们的手一碰着，有生命的就变死，柔润的就变僵，上帝的慈恩变成了魔鬼的拨弄。

你们的北京没有那样凄惨的现象，这个古旧的城子是人类集合的一个极美的表现，在此地平常的店铺都有他们简单的装潢。

你们爱你们的生活，单这爱就使你们的生活美好。不是贪心与实利；他们只能产生做买卖的公事房，不是人住的家。公事房是永远不会得美的。

能爱实体的事物却不过分的沾恋，而且能给他们一种优美的意致，这是一桩伟大的服务。

上天的意思是要我们把这个世界化作我们自己的家，不是要我们存在这世界里像是住店似的。我们只能从一种服务里把这世界化成我们自己的家，那服务就在给它我们真正的爱，又从这爱里使它更美。

从你们自己的经验里，你们就可以看出美的人情的恳切的事物与机械性的干净与单调的分别。

粗拙的实用是美的死仇。

在现在的世界里，我们到处只见巨量的物品的出产，巨大的工商业组织，巨大的帝国政治，阻碍着生活的大道。

人类的文明是正等着一个伟大的圆满，等着它的灵魂的纯美的表现。这是你们的责任，你们应得在这个方向里尽你们的贡献。

你们使事物美好的成绩是什么？我是从远道来的，我不懂得你们的一切，在理岂不是你们各样的事物，单只单纯的事物，就够我的为难不是？但是，因为你们能使事物化美，所以，就在你们的事物里，我也看出一种款待的殷勤。我认识他们像是我自己的东西，因为我的灵魂是爱美的。

为着物品的堆积，在别的国里的生活，差不多变成了古埃及帝王墓窟里的光景。那些物品暗森森地喊着"躲开去"。

但是，我在你们国内在日常用品里都能体会出意味的时候，我只听着他们好意的呼唤，它们说"你来收受我们"，它们不嚷着要我“躲开去”。

你们难道愿意忘却你们这样重要的责任，甘让这美化一切事物的天才枉费，忍心压这可贵的本能，反而纵容丑化恶化的狂澜泛滥你们的室家吗？

污损的工程已经在你们的市场里占住了地位，污损的精神已经闯入你们的心灵，取得你们的钦慕。假使你们竟然收受了这个闯入的外客，假使你们竟然得意了，假使因此在几十年间你们竟然消灭了你们这个伟大的天赋。那时候剩下来的还有什么？那时候你们拿什么来尽你们对人道的贡献，报答你们在地面生存的特权？

但是，你们的性情不是能使你们永远维持丑恶的。我愿意我相信你们没有那样的性情。

你们也许说“我们要进步”。你们在以往的历史上有的是惊人的“进步”，你们有你们的大发明，其余的民族都得向你们借，从你们抄袭，你们并不曾怠惰过，并不是不向前走，但是你们从没有让物质的进步，让非必要的事物，阻碍你们的生活。

为什么在进步与圆满间有那样的阻隔？假如你们能把你

们美化的天赋关联住那阻隔，那就是你们对人道的一桩大服务。

你们的使命是在于给人家看，使人家信服，爱这地土与爱这地土所生产的物品不必是唯物主义，是爱不是贪，爱是宽裕的，贪是乖戾的，爱是有限度的，贪是忘本分的。这一贪就好比拿根绳子把我们缚住在事物上。贪的人就好比被那条无餍的粗绳绑住在他的财产上。你们没有那样的束缚，单看你们那样不厌不倦地把一切事物做成美满就知道你们的精神是自由的，不是被贪欲的重量压住。

你们懂得那个秘密，那事物内在的音节的秘密，不是那科学发明的力的秘密，你们的是表现的秘密。这是一个伟大的事实，因为只有上帝知道那个秘密。

你们看见在天然的事物里都有那表现的灵异，看园里的花，看天上的星，看地上的草叶子。你不能在试验室里分析那个美，它放不到你的口袋里去。那美的表现是不可捉摸的。

你们是多么的幸运！你们有的是那可贵的本能。那是不容易数给人家的，但是，你们可以准许我们来共同你们的幸运。

凡是有圆满的品性的事物都是人类共有的。是美的东西就不能让人独占，不能让轻易地堵住。那是亵慢的行为。如其你们曾经利用你们美的本能，收拾这地面，制造一切的事物，这就是款待远客的恩情，我来即使是一个生客，也能在美的心窝里寻得我的乡土与安慰。

我是倦了，我年纪也大了。我也许再不能会见你们了。这也许是我们最后的一次集会。

因此我竭我的至诚恳求你们不要错走路，不要惶惑，不要忘记你们的天职，千万不要理会那恶俗的力量的引诱，诞妄的巨体的叫唤，拥积的时尚与无意识、无目的的营利的诱惑。

保持那凡事必求美满的理想，你们一切的工作，一切的行动都应得折中于那唯一的标准。

如此，你们虽则眷爱地上实体的事物，你们的精神还是无伤的，你们的使命是在拿天堂来给人间，拿灵魂来给一切的事物。

（徐志摩　译）

志摩附述

泰氏在清华住的那几天——五月初那星期——，承清华学校曹云祥与张仲述两先生的好意替他安排得又舒服又安闲，他在他的忙碌的旅行期内总算受用了几天的清福，那是他近年来不常有的。他在那边随便与学生们谈论人生问题——自宗教至性恋，自性恋至财政，不仅听着的人实惠，讲的人不受形式拘束也着实的愉快。那几番谈话不知道当时或是事后有人记下否（恩厚之只剪着几条断片，却始终不曾整理出来），如其有，我盼望记下的诸君将来有机会发表，因为我虽则那几次都不在场，但听老人的口气似乎他自己以为与学生们的谈话是很投机的。

我上面翻译的是他在清华的一篇讲演，这也不是事前预备的，他在中国与日本的讲演与谈话——除了在真光的三次——都是临时的应景的，我们跟着他的人们常常替他担忧，怕他总有枯窘的时候，长江大河也有水小的季节不是？怕他总不免有时重复他已经说过的话。但是白着急！他老先生有他那不可思议的来源，他只要抓到一点点的苗头，他就有法子叫他生根，长叶，发枝条，成绿荫，让听众依偎着他那清风似的音调在那株幻术的大树下乘着凉，歇着，忘却了在他们周围扰攘的世界，不仅是这类的讲演，就是他所有的作品，诗与小说与戏剧，他自己说他也从未曾事前有什么规划，他不知道有什么起承转合的章法，他也不会“打腹稿”，他至多无非抓住一点点的苗头，这苗头也许是有形的，亦许是无形的，或许是他的心灵里有一朵彩去飞过时投下的痕迹，他只凭藉他的诗神给他的“烟士披里纯”，他只要摇着他的笔，也许同时也摇着他的银白的头，文章就来，戏法就出，或许是一首小诗，或许是一段故事，或许是一长篇的戏剧。他自己也不知道是哪里来的。他的不是那只开一季的鲜花，他的是那四时不谢的鲜葩。我有一次问他像这样永远受创造冲动的支配究竟是苦还是乐，他笑了；他也反问我一句话。他说你去问向那夜莺，他呕尽他的心血还要唱，他究竟是苦还是乐？你再去问问那深山的瀑布，他终年把他洁白的身体向巉岈的深谷里摔个粉碎，他究竟是苦还是乐？我当时似乎很懂得他的意思是苦还是乐，但现在我又糊涂了；现在我连苦与乐的界限部分不清楚了，我盼望我再不会发那样蠢气的问！

这是支话：我要说的是这篇讲演的原文的音调是有一种别样的风致，我愿意我没有替他翻译的必要。大概是原文愈好，译手便显得愈拙，尤其是面对着有音调的文字，我们手拿着四不像的“白话文”的翻译者真有些害怕天上打雷；因为如其亵渎了字纸就不免干犯天怒，这样煞风景糟蹋精品的罪孽，还不应得抵拼着一个脑袋让雷公菩萨秉公办理！他这篇的句调，不期然的很匀净很整洁，像是一篇散文诗——在翻译里当然是完全看不出来了——尤其叫读者记起约书的音节。在这篇里他的语调也比往常的来得婉转——是讽不是谏，是惆怅不是恚愤，是诉不是忤，是初夏黄昏时星光下柔软的微风，不是囊括砂土的怒氛（他在济南与武昌的演说就不同）。他的旨也是很微的，犹之他的辞是约的：他永远没有大学教授的那样通畅；他要我们同情的体会；犹之他也只同情的婉讽；他不愿意指摘我们的丑德，虽则他的神通的目炬那一处的奥隅不曾照彻，所以他也祈求我们对他也不要过分的责备。他那宏彻的声音曾经是我们一度的耳福，这声音已经过去，我们有的是完全遗忘他的权利；但如其他的余韵在少数人的心理还不曾完全的消灭时，我敢说他这番高年跋涉的辛苦也就多少留存了一些影响。

他这番话里有正与反两个意义，反面说，他是怕我们沾染实利金钱主义与机械文明的庸凡与丑恶；正面说，他是怕我们丧失了固有的悠闲的生活与美好的本能，他们的对头是无情的机械。但他反复申说的是我们能凭美的原质变化我们的生活，制作我们的用品，“在这美的心窝里”，他说，他“虽则是一个生客也可以寻着他的乡土与安慰”，因为“他的灵魂是爱美的”，“美的事物的本身就是一种款待远客的恩情”。他求我们不要忘却这部分，我们的天赋与能耐。他叮嘱我们生存在地面上是一个特权，不是随便可以取得的，我们要不愧享用这个特权，我们应得拿出相当的凭据来；我们独有的贡献与服务是什么？

为什么单纯的实用与便利与美的原则不相容？为什么柔和的人情是美，是可爱，机械式的生活，不论怎样的卫生，是丑，是可厌？为什么贪欲是丑，爱感是美？为什么上海、天津是丑，北京是美？丑的原因是在那里；美的条件是什么？这都是我们应得思考的问题。我们要美还是要丑；愿意保存美的本能还是纵容丑恶的狂澜？愿意在自己的店铺与家庭里过日子，还是愿意在工厂里或是交易所里讨生活？这也是我们应得对答的问题。

我已经替他疏解够了。各人有各人的见地，美与丑也没有绝对的标准。如其我们情愿放弃人类的特权，就是替创造历史的力量开一个方向，在我们自己运命的经程里加入我们意志的操纵，如其我们情愿放弃这特权，如其我们只要“随水淌”，管他是清流还是浊流；也许甚至于心愿的服毒，心愿的拿窑煤向自己的脸上搽——谁管得？

我自己听他讲的时候，我觉得惭愧，因为他鼓励我们的话差不多是虚设的。他说我们爱我们的生活，我们能把美的原则应用到日常生活上去。有这回事吗？我个人老大的怀疑，也许在千百年前我们祖宗当得起他的称赞，怕不是现代的中国人。至少我们上新大陆去求新知识的留学生们懂得什么生活，懂得什么美？他们只会写信到外国的行家去定机器！在他们的手里，我们的生活有什么重新的机会，他们的脑筋里也只有摩托卡的喇叭声，他们见过什么优美的生活？我也认账我自己的固陋、浅薄。这次见了日本我才初次想象到生活的确有优美的可能，才初次相信泰戈尔的话不是虚设的，在他辟透的想象里，他的确看出我们灵魂的成分里曾经有过即使现在稀淡了的美的品性，我们的祖先也的确曾在生活里实现过美的原则，虽则现在目前看得见的除了龌龊，与污秽，与苟且，与懦怯，与猥琐，与庸俗，与荒伧，与懒惰，与诞妄，与草率，与残忍，与一切的黑暗外，我不知道还有什么？我们不合时宜地还是做我们的梦去！

七月二十六日庐山小天池

我如何从事教育的使命

我听说你们想听一听我为何从事的教育使命，但我却一时很难给你们一个清晰的构想，这个构想是过去24年里逐渐形成的。我的想法以及我所设想的教育的理想模式如今已经完善成熟，一切来得那么缓慢，那么自然，而要把它分析解释给诸位听，对我而言倒成了件为难的事。

你们想问的第一个问题也许是：是什么鼓励我从事教育。直至我年逾不惑时我大部分时间都花在图书馆孜孜攻读。我从未想过要从事任何具体的工作，因为我认为自己并没有那样的天赋，这想法又是如此根深蒂固。或许你们知道这一切，或许我应该在此做些交代？我13岁时就辍学了。我并无意在此吹嘘，我只不过是在告诉你们这样一个历史事实。

我感到，被迫去上学是无法忍受的折磨。我常常数着指头，要过多少年自己才能获得自由。我的哥哥们都已完成学业，步入生活。我那时是多么的嫉妒他们。早晨，我匆匆吃过早饭，马车就雷打不动地照例等候在门口，接我去上学。我多么希望突然出现奇迹，让我越过这其中的15年或20年，直接变成一个大人。后来我意识到，压在我心头的这份沉重，是各地盛行的教育制度的压力所带来的。

孩子们的心灵，对他们所生长的这个世界所给予他们的影响是十分敏感的。他们的潜意识非常活跃，总是在吮吸着知识，享受着学习的快乐。他们虽被动，但这种敏感的接受力却使他们不觉得如何紧张。不知不觉间，他们掌握了语言这最复杂最难学的表达工具，因为语言中包含了许多无法定义的想法，包含了解决抽象概念的象征。孩子们靠着自己猜测的天赋，就学会了许多我们无法解释的词的意义。要让孩子知道“Water”（水）一词是何意也许并不难，但要想弄懂与“昨天”相关的概念则十分不简单。然而，孩子们潜意识里非凡的敏感帮助他们克服了无数这样的困难。因为有了这份敏感，他们对现实世界的介入变得轻松而又快乐。

然而，就是在这关键时刻，孩子们的生活被导入了教育工厂——无生气，无色彩，与宇宙万物毫不相干，孩子瞪着双眼面对四面空壁。我们一来到这个世界上，上帝就给我们天赋，来欣赏这个世界，但这种欢乐的活动却被禁锢了，所谓的“纪律”又扼杀了孩子们心灵的敏感。孩子们的心灵又总是那么活跃不安，热切地渴望从自然母亲那里获得第一手的知识。我们呆滞地坐着，像博物馆里的死标本，而那些说教劈头盖脸地向我们砸来，就像石头扔在花朵上一样。

在我们的孩童时代，我们是全身心地去学习，我们所有的感官无不积极活跃。当我们被送入学堂时，获取自然知识的大门被关上了。我们眼睛只盯着字母，耳畔回响着抽象的说教，我们的心灵却错过了大自然所给予的源源不断的知识和思想，因为老师所拥有的智慧认为，这些都会分散注意力，且没有什么明确的目的。

当我们接受纪律的约束之后，我们就只能接受那些有目的的事情，而这种目的性，这种成年人的想法，我们却在学校里强加给孩子。我们这样劝导孩子："别想那么多，关注眼前的事，关注教给你们的东西。"这对孩子来说不啻是一种折磨，因为这违背了大自然的目的。大自然这位最伟大的老师却在人类的老师面前节节败退，人类的老师相信机器制造的教材而不是生活中的知识，其结果是，孩子心灵的成长非但受到了伤害，更受到了严重的摧残。

我认为，孩子应该置身于自然，大自然中发生的事情自有其教育价值。他们的心灵每天应该有磕碰，应该有惊喜的发现。新的一天会用新的事情激发他们的注意力。这是适合于孩子的最好的教育方法。然而，学校里的情形却是，每天同一时间灌输同一本书，根本无暇发现来自自然界的惊喜。

成年人总是心事重重，我们有太多的事要去安排，去处理，因为周遭的事——黎明的来临、音乐和鲜花——都不能在我们脑海里留下什么印迹。我们烦心的事已经太多，容纳不下这些感受，从大自然源源不断地流淌出来的知识已不能触动我们，我们只选择那些有用的，其余的则视之为无用，因为我们想走捷径去获取成功。

孩子们没有这么多要考虑的事情。他们敞开心灵，以无比的热情好客去接受每一个新的事实或事件，他们没有偏见，热情饱满地接受一切事物，在很短的时间内就会学到无数的东西。相比之下，我们成年人的迟缓真是令人惊讶。生活中大多数重要的东西，孩子们都是这样学得的，更精彩的是，其中很大一部分都是抽象的真理。

孩子们之所以学得如此轻松，是因为他们有一种天赋。但是，成年人是暴君，全然不顾孩子们与生俱来的才能，命令他们必须经历与成年人自己一样的学习过程。我们坚持喂给他们知识，而我们的教学也变成了一种折磨。这是人类最残酷、造成浪费最大的错误之一。

因为在我小的时候，我经历了这一过程，并且对此记忆犹新。因此，我试图创办一所学校，一所让孩子们能自由自在地求知的学校。

自然母亲给大自然这所学校中的万事万物提供了许多东西。据此，我把自己的学校设立在一个风景优美、远离城镇的地方。在那里，孩子们拥有极大的自由。最重要的是，我不强迫他们学习不适合于他们幼小心灵的功课。我不想夸大其辞来掩饰自己。我必须承认，我不能够兑现我计划的方方面面。不幸生活于这样一个专制的社会，许多制度还不容去否定，我不得不与我自己不信仰而他人坚决奉行的观念相妥协。但我总没忘记要创造一种氛围。对此，我感到比课堂教学还重要。

氛围无时无刻不在。我怎样创造呢？晨鸟唱醒了黎明，星星带来夜的宁静，夜晚自有其沉默。

蓝天对我们开放着它的美丽，四季在我们眼前变换着绚丽的色彩，天人合一给了我们绝对的机会欢庆四季的更迭。我为春天的到来而写歌，我为漫长的久旱逢甘霖的雨季的到来而谱曲。我们的表演与四季的花香落叶和谐同步。

我从城里请来著名的艺术家，让他们自由地发挥他们的艺术天才。孩子们如果愿意的话，可以在一旁观看。我自己的创作也是如此。我写歌作诗的时候，也是邀请老师在一旁，或唱或诵。这有助于创造一种氛围，能让他们学到感触不到但终身受益的东西。

对于氛围的重要性，我已经谈得够多了。但还有一个观点我没提及——造就理想的时代——这必须处于一切教育的中心。

正如我们现在所做的那样，当多民族相遇时，这不应该仅仅是人群的聚集。必须有一种纽带连接彼此，否则他们将会相互冲撞。

我们的教育必须让每一个孩子领会并去实现这个时代的精神，而不是去制造分裂，去紧抱民族偏见。人类的种族间自然存在着许多与生俱来的差异，这些差异应该得到保存和尊重。我们教育的使命就是要在差异中求统一，在观念的抵触中发现真理。

这就是我们“毕希伐婆罗提”国际大学所尝试的。我们努力尝试在学校的各种活动中贯穿和谐统一的思想，有些活动是以教育为目的的，有些则包含不同的艺术表达形式，有些则是以为邻居服务的形式重建乡村生活。

孩子们开始为邻居服务，在帮助他人的同时，也时时接触到周遭的生活。能够自由地成长，是孩童时代能得到的最好礼物。我们还有另外的目标：同情人类，不抱种族和民族的偏见。

囚禁一室，孩子们的心灵自然就无法理解那些说着不同语言、有着不同风俗习惯的人。其结果是，在我们的成长阶段，当我们的心灵急于渴求时，我们在黑暗中相互摸索，因无知而彼此伤害，经历了盲目年代所带来的苦楚。传教士对此贡献不小。他们本想传播兄弟之情，但他们那种以教派自傲的傲慢却制造了误解。这一切被永恒地印在教科书中，毒害孩子的心灵。孩子们刚失却心灵的自由，就又遭到如此的桎梏。

我试图把孩子们从这种有害的教学方法中拯救出来，拯救他们异化的心灵，消除课本、历史、地理所灌输给他们的偏见。

在东方，仇视其他民族并不鲜见；在家里，我们也是在仇恨中长大。我试图让孩子们忘却这种消极的情感，从西方来的一些朋友，以他们的理解、同情和仁爱，在很大程度上帮助了我们。

各民族精神上的团结统一是我们建校的理念。我想在所有其他民族的帮助之下建立这所学校。我在欧洲时曾向西方的伟大学者呼吁，幸运的是，我得到了他们的帮助。这些学者离开自己的研究之地，来到这所物质条件还很欠缺的学校，帮助我们建成它。

我心中设想的并不仅仅是一所大学，这只不过是我们"毕希伐婆罗提"国际大学的一个方面——我的设想是世界各国信仰精神团结的人都可来此地聚首交流。这样的理想主义者大有人在，我在西方旅行时，甚至在许多小地方，也有许多普普通通的人要求加入这项工作。

人类各民族更加靠近，没有卑劣的欲求，他们的聚会将揭示出新的真谛，这将是一个非常美妙的未来。

这些平凡的人将给我们带来真和爱的朝阳，他们就像那个伟人，是人类的殉道者。伟人只有几个打鱼的人追随着他，而在罗马帝国的鼎盛时期，他们的传播生涯却惨遭终结。他遭到权贵的漫骂，被众人侧目，最后屈辱地死去。然而，象征着他失败的十字架却让他永生。

今天的殉道者被送进监狱，接受迫害。他们没有权力，但拥有不朽的未来。

（秦　悦　译）

我信仰更高的理想

已经到了告别的时候，我就要离开这些朝夕相处的朋友，正是他们，给了我许许多多的关爱。朋友们不辞辛劳把我介绍给这个伟大的国家和她的人民，我感觉就像在自己家里一样。然而，今天我感到有些不快，就像是什么事情没有办妥，我的使命没有完成。但是，这不应该归咎于我。我们所处的时代，才是个巨大的障碍。

我信仰更高的理想

当我的人民得知我得到了中国人的邀请时，他们是多么地欢欣激动。你们或许知道，在此之前我曾接到西方国家的邀请，但这次不同，这种欢欣并不局限于一小部分知道英国的人——对于你们慷慨地邀请一个东方人，即使对英国一无所知的人也对你们充满了敬仰之情，因为这是个多数人为西方文化着迷的时代。他们都觉得这是我们重新开放古老的联络精神的渠道的绝好机会。

我们的人民心地朴实，不够世故，对世事知之甚少。他们觉得，各个国家走到一起是再简单不过的事情，相互敌视反而需要更多精力。某些人可能会嘲笑他们的轻信。

“先生，一定要告诉中国人，我们永远不能忘记我们过去年代里建立起的关系。”——这就是他们对我的嘱托。他们这样认为的想法是绝好的事实。我南来北往、东奔西走地演讲，让中国人知道我们印度人敬爱中国，同时也渴望接受你们的爱，这在他们看来是件非常容易的事。他们不知道世事艰难，这其中也许有许多无法克服的困难。在他们单纯的心里，他们认为靠我个人就会把两个世界的心拴在一起。

我们相互靠近变得比以往容易多了。几天之后，我们就来到了你们身边。但是，这种得之容易的交流却让我们的心灵看不到事实。我们的访问成了一次野餐。我们参加舞会，相互打趣、饮茶、演讲、赴约，然后回去。这一切太容易了。

但是，我们得为有价值的事情付出代价。我们两国祖先的精神交流不少，而且那时困难重重，信息的传递也不那么舒适便捷。然而，一千年前，他们能讲你们的语言。何以至此呢？因为他们意识到国与国之间团结的纽带是多么重要和无价，它可以克服一切语言障碍。正是这种纽带，拯救了人性。自私折磨着人类，造成世间的不幸。毁灭则威胁着当今世界。

这些人来到这里，把他们玄奥的观点翻译成中文这种与梵文截然不同的语言，这其中碰到的困难比他们翻过的山岭、穿过的沙漠、渡过的大海要多得多，也大得多，他们的到来难道不是一种奇迹吗？

我们的祖先为他们找寻的真理付出了千辛万苦的代价。我什么也没付出——一切都替我弄得那么轻松和舒适。我与你们交谈，作了几次演讲。我喜欢乘坐你们的火车旅行，把我匆匆忙忙地送到目的地。然而，我想说，这是很不自然的。我没有机会结识我的旅伴，而他们在那几天中对我来说是最真实的。至于我的听众——他们仅仅是影子吗？我了解他们吗？他们了解我吗？每个人都有自己的语言——他们听得懂我吗？在45分钟里，我滔滔不绝的话语倒向他们。传播文明变得如此容易。

但是，思想的交流要想取得成果，必须有倾听者和讲演者之间的配合。所有真正的统一，都是两颗心的联合。如果我能生活在你们当中，彼此交流，那么，我们的思想就会因彼此的贴近而相互传递。这样的交流才会有成果，虽然不是立竿见影，但随着时光的流逝会渐渐地显示出来。障碍将不复存在，误解将不再可能。我们的关系不会是一厢情愿的。我们应该得到心智与灵魂的相互接触。但是，我们的教授们和校长们只需要讲演，这些讲演不能够留下什么深刻的印象，只是在记忆中隐约浮现出一些大概——一些事件罢了，你可以在报纸上找出几段，但在你的心里没有印迹。

当年你们到印度取经，我们到中国寻宝，我们那时得到的真谛今天都不曾遗失。我们也许认为那些观点应修改以适合变化了的情形，我们不能完全接受几千年前的思想和教导。我们也许感到生气，认为这些思想的教导是有害的，但我们不能完完全全地忘却它们，因为我们已经把它们消化吸收到彼此的生活中了。不论好坏，它们将永远存在，它们是我们祖先真正交流的结果。

那是多么伟大的朝圣！多么美好的历史！那些英雄们，为了自己的信念，冒着生命危险，多年背井离乡。许多人献出了生命且无迹可寻，只有少数人得以幸存下来，向我们讲述他们的故事，而更多的人没留下只言片语。我们应感激祖辈给我们留下的这一切，感谢他们身上某种可以称为历史的东西，因为他们落后的生活条件却有着一个优势——他们用不着太多的遮掩。

现在的文明，就像裁剪部门缝制出各种的遮盖物——偏见的面纱使我们难以与外界的人接触，更使我们自己也彼此误解。生活朴实时，人们热情好客，从不多疑，共同分享财富和快乐，彼此的命运就像焊接在一起似的。那时，这一切是多么容易；如今，这一切却是那么艰难，因而我们坚信理想主义的人对此的感触更深。

我们坚信，友爱与合作能使不同的种族靠得更近。然而，这一切是那么难，因为生活中传统的约束已经那么多，你没有闲情逸致来听这些。即使那些伟大的导师，那些高僧中有一位来这儿，你也不一定有机会，也不会有求知欲去聆听他们。每天，你都有各种应酬，这些虽不是生活的要旨，但它们填满了我们生活的空隙，让我们无暇真正对人类同胞感兴趣。

你能想象今天一个伟大的崇信者来到西山脚下，坐在湖畔边吗？你也许会认为他是个怪癖的人，你也许会叫警察把他抓走。你们的外交使馆也许会驱逐他，或者拘押他。你会靠近他吗？不会，你的心态已经完全变了。

我坦白承认，我信仰更高的理想。我相信，更高的理想能让我们追求更高的生活目标。同时，我应该委婉地表述我的观点，因为由于某些障碍，我们率直自由的表达成了不可能的事。我们现在只需要平庸和肤浅。我们焦急地等待报纸上的报道，这是大机器生产最具有代表性的例子，它使世界产生误解，使生活变得肤浅。要克服这些阻碍到达人性的中心，是非常困难的。

千万不要认为我这是在抱怨，没有在你们的心灵深处找到一席之地。这是一次亲密朋友的聚会：我从来没有如此快乐过，也从来没有像接近你们这样地去接近其他人。有些朋友我觉得像是相识了一辈子。我在这里的停留非常愉快，我也十分高兴。但在我的内心深处却有隐痛——我并没有言过其实。我没有机会真切、认真地谈论你们严肃的问题。我太过于轻松和肤浅了。我应当来此忏悔，讨论生命的意义，证明自己是真诚的，而不仅仅是一个舞文弄墨、吟诗作赋的人，但我却顺应着时代精神，轻松诙谐，肤浅无聊。

但是，我确实错过了机会。同时我希望我做成了一些事，开辟了一条其他人可以沿用的小径，我也希望你们能够寻出一条路去印度。

我至少有一件满意的事可以告诉大家，这是过去多少年里我为之奉献的使命。作为一桩伟大事业的从事者，我必须坦率而又强烈地鼓励你们也从事这样的使命。我的大学里兄弟般的情义随处可见，不同国家讲不同语言的人相聚在一起。我相信人类精神的和谐统一。因此，我请求你们接受这项任务。除非你们来对我说："我们也承认这个理想"，否则，我就知道这项使命失败了。不要仅仅把我当作一个客人看待，我来这里请求你们的友爱、同情，以及追随这桩伟大事业的信念。如果我发现你们中有谁接受了它，我将无比快乐。

（秦　悦　译）

我只带走友谊的记忆

今天集会使我记起我初到中国那一天也在这里园地上接受你们初次的款待。那时候我总算是一个生客，我也不相识那天来欢迎我的诸君。我一向总是在我的心里踌躇，究竟中国是否像我意想所构成的中国，我也踌躇究竟我能否深入这民族的心曲。那天，我的心里很是不自在，因为在你们看来我是从一个神秘的地域来的，我又是负有一个过于浮夸的名誉，因此你们对于我的盼望也许不免有不切实在的地方。所以我急于告诉你们我的有限的资格，我记得我开始就供认给你们我仅仅只是一个诗人。

我知道你们曾经邀请过欧美诸邦的名人，大哲学家与大科学家，远渡重洋到你们的国家来讲学，现在我也来到你们的中间，我很惭愧我自己的渺小，你们都曾经亲听过他们的至理与名言。那天我真是深深地引愧，因为我觉得仿佛我是穿着一身乔装来收受你们款待的至意，也许你们并不曾认识我本来的面目。我不由得想起我自己的一篇戏里那个女子齐德拉，她是承爱神的怜悯取得了一身美艳的变相，她原来并不是一没有缺憾的妇人。但是，等到她后来凭着这神异的幻象征服了她的爱人的恋情，她反而嫉恨她的温柔的化身，因为她所渴望的他的抚摩与交抱都被这借来的外壳掠去，剩下她的灵魂依旧在不满足的冷落中悲切。

今天是我在你们的国里最后的一天，如果你们还是准备着厚意的款待并且给我称誉的言词，我可以放心接受的了：因为我已经经过了你们的考验，我想也并不曾缴还我的白卷。所以，今天我到你们这里来，我满心热炎地只想望你们的友爱与同情与赞美。这是你们披露你们真情谊的机会，好叫我永远记住，虽则我不能不向你们告别，这最后的一次集合，像一度奢侈的落日，大量地铺陈它储积着的异样的彩色。但是，话虽如此，我还不敢十分放心。在你们中间有跟着我此次巡游的，他们最亲切地知道我的成绩，还不曾开口说话。

方才说话那位主人赞扬我的成绩，他自从我们初次会面以后一直病困在家里。他不曾有机会接近我，因此，他关于我的想象，我不敢过分的深信。因此，我还是等着要听还有几位朋友的意见，他们这一向不幸地须得伴着我起居与行旅，他们应得认识我的浅深。

同时，有一件事情我可以对你们说。初来的时候我也有我的盼望，在年轻时便揣想中国是如何的景象，那是我念《天方夜谭》时想象中的中国，此后那丰流富丽的状态天朝竟变了我的梦乡；早几年我到日本时，我又得到了这古文明的一瞥。因为在那边款待我的主人有大宗中国名画的收藏，都是珍异的神品，我在他那里住着的时候，他常常一件一件取出来饱我的眼福，我也凭藉他的指导认识了不少名家的杰作。因此，我又在你们往时大艺术家的作品里取得了我的中国概念。

我心里时常存想，你们是一个伟大的民族。你们创造了一个美的世界，我以为即是你们灵魂的表现。我记得每次我遇着不甚尊敬你们的那些人，我总觉得难受，他们的心是无情的，冷酷的，他们来到你们中间，任意地侵略与剥削与摧残，他们忘怀你们文化的贡献，也不曾注意你们伟大的艺术。

当然，你们也知道你们以往的历史所凝成的纯晶，不仅是真的美的，并且是神灵的，并不代表你们人民的完全的生活，虽则我同时亦深信，只有从最完美的表现中，我们可以看出现实的最真切的一斑，但理想与实现是应得放在一起看的，我们不能偏注一面。至于我此番的游历，我不能不说在简短的时期内要盼望一个像我这样的陌生人能够发现一民族最内在的真实，不是容易的事情，将来也许有那一天，但绝不是造次可以得到的。要明白一民族潜在的力量与天才怎样能逐渐地发展到最完美的状态，那是千百年的事，我既没有时间又没有适当的机会，因此，我不敢想望有多大的了解。

我只感觉到一件事情，我此次在你们的国内会着的外国人也都有这样的感想。你们是很近人情的。我也觉着你们的人情的感动，因此，我已经（至少我希望我已经）接近你们的心曲。我自己的心里不仅是充满着羡慕与惊讶，但有的是真挚的情感，尤其是曾经与我有过亲密的交接的，我不由得不爱他们。这一点个人间情感的契合便不是随便可以做到的事。

有人说你们有一个特性，就是你们从来不曲解事物的本相，是什么只当是什么看待。譬如你们看重一件东西或是一个人，你们看重他，不是因为他在本身以外另有什么连带的价值，但只为是他那赤裸的现实现放在你的眼前，要求你的注意。也许就为你们有那个特性，所以，你们这一晌也只把我当作一个寻常的人看待，不当作一个诗人，更不如有的傻子以为是哲学家，尤其不如有的更傻的傻子以为我是圣人或是先觉，你们只把我看作一个干干净净的个人。

有几个我新结识的小朋友对我差不多绝对地不存拘束，只当我是和他们一般年纪，不见得怎样理会我的高年，也不过分尊敬我的声名。这样的健忘本应得使我着实的懊恼，但在他们却是充分的自然，因之，我也不觉得有什么差池。实际上，他们对待我的情形常常没有丝毫的尊敬，我却是很感谢他们的随熟与失礼。世上人多的是想把我供作偶像，剥夺我现实的人情与接触。我想上帝也一定着恼，因为人们把日常的情爱分给了他们的家人与同伴，留剩给他的却只是在教堂里每星期的礼拜，我所以很喜欢我的年轻的朋友不曾把我当作偶像礼拜，他们只把我看作他们伙伴中的一个，使我得沾润他们活泼的人情。

但是，你们要我在离别以前给你们不掩讳的批评，我绝对地拒绝你们的请求。批评家随处都有，你们不怕缺乏，我却是不愿意加入他们的品级。他们曾经听受过你们的批评，谁不会批评，我却自喜我没有那样挑剔的天才。我自己也是近人情的，我自然可以体谅你们的短处，你们即使不免缺陷，我还是一样地爱你们。现在世上有的是胜利的民族，在他们的跟前我是什么样人，敢来妄肆批评？彼此同是受嘲讽的民族，我们有的是不受人尊敬与赞许的德性。我们正应得做朋友。

我没有批评给你们，所以请你们对我亦不必过于苛责。其实我此时已经不免心慌。有一天，你们青年的批评家在我的面前不容情地指责他们曾经请来讲学的几位，我那时就觉得兆头不好，我就急急地问他们将来是否预备给我同等的待遇。我始终不曾放心，我此时也不说我心里的话，我只希冀他们不会那样地忍心。我从不曾装作过一个哲学家的身份，因此，我想我不必着急。假如我曾经置身在崇高的台座上，他们竟许会把我倒拉下来，闪破我的脊梁，但我幸而不曾有过那样的潜妄，我只是在同一的平地上站着，因此，我盼望我可以幸免灾难。今天，我最后分手的一天，才是你们真正接受我的一天。我上次在此地时你们给我的欢迎只是借给我的信用，我盼望我曾经付过我的代价叫你们满意，但如你们以为我不曾付清你们事前的期望，不要责备我，你们只能抱怨你们自己的糊涂。你们当初便不应得那样地慷慨，不应得滥施你们的奖宠。

我敢说，我已经尽了我的可能的名分，我结识了不少的朋友，在我们中间已经发生了一种情谊的关系。我并不曾妄想逾分的了解，我也只接受你们来意的至诚，如今我快走了，我带走的也就只这一层友谊的记忆。但同时我亦不须自为掩讳。我的不幸的命运从我的本土跟着我来到异乡，我的部分并不完全是同情的阳光。

从天际辽远的角下，不时有怒云咆哮地作响。你们一部分的国人曾经担着忧心，怕我从印度带来提倡精神生活的传染毒症，怕我摇动你们崇拜金钱与物质主义的强悍的信仰。我现在可以吩咐曾经担忧的诸君，我是绝对地不曾存心与你们作对；我没有力量来阻碍你们健旺与进步的前程，我没有本领可以阻止你们奔赴贸利的闹市。我可吩咐他们，我并且不曾折服一个怀疑者，使他憬悟他的灵魂的实在，我不曾使他信服道德的美的价值是高于物质的势力。我敢说，他们明白了结果以后一定会得赦免我的。

（徐志摩　译）

志摩附识

那天下午听着老翁这篇告别辞的诸君，也许还记得他说话时的声调与他须眉间异样的笑容。他的声调我记得和缓中带踌躇，仿佛是他不能畅快地倾吐他的积愫，但他又不能不婉转地烘托出他的不完全愉快的款曲与感念；他的笑容，除非我是神经过敏，不仅有勉强的痕迹，有时看来真是眼泪的替身。“我的不幸的运命从我的本土跟着我来到异乡，我的部分不完全是同情的阳光”。这话是称过分量说出来的，就这一点不说分明，不说尽，这里面便含着无限的酸楚，无限的悱懑，我当时真觉得替他难受。“现在世上有的是胜

利的民族，在他们的跟前我是什么样人，敢来妄肆批评？彼此同是受嘲讽的民族，我们有的是不受人尊敬与赞许的德性。我们正应得做朋友。”这一段话，且不论他反激得动人，我正不知这里面的成分是泪还是血，我们听了应得傲慢还是应得惭愧？

O sun, rise upon the bleeding hearts blossoming in flowers of the morning, and the torch light revelry of pride shrunken to ashes.

——From *Thanksgiving*

“太阳呀，升起来朗照着流血的心开作清晨的鲜花，你也照出傲慢的火炬的夜宴萎成了灰烬。”

这一篇最好是与他到中国第一次的谈话一起读，碰巧都在同一园地上讲的，两次都在场的人也应得比较他先后不同的语调与神态。先一次是暮春天气最浩爽的一个下午，后一次是将近梅雨期云低气滞的一个黄昏。有心的读者应该明白在这四十日间是诗人受了中国的试验，还是中国受

了诗人的审判，他现在已经远了，他留给我们的记忆不久也会得消淡，什么都不免过去；云影扯过了，波心里依旧是不沾印迹，也许有人盼望天光完全隐匿，那时任凭飞鸟也好，飞云也好，我们黑沉沉的水面上连影子都可以不生痕迹！

文明与进步

有位中国作家曾经这样写道："当中国人被号召起来抛弃自己的文明而采纳欧洲文明时，全中国没有一个人知道真正的欧洲现代文明是什么。这是今日中国情形中最可悲的一面。"

我曾经在别的地方读到过一个法国人的评论，他在一本杂志中认为，中国不是一个国家，而是一种文明。我没有通读全篇，所以不能断定他的确切意思。但在我看来，作者是认为，中国代表了一种理想，而非某些事物的产物和积累，也并非关于事物本质特性的某些信息；换句话说，中国不仅仅代表着财富、知识和权力的进步，她更是一种人生哲学和生活的艺术。

文明与进步

“文明”一词是欧洲用语，我们几乎没有费心去弄懂其真正含义。一个多世纪以来，我们就这样绝对信任地接受了它，就像我们接受一匹作为礼物的马，根本没想过要去数它的牙齿。直到最近，我们才开始寻思，我们领悟的真谛是否就是西方人所谓的文明。我们不禁问自己：“这个词与我们自己语言的某个词意思一样吗？是不是同样是指人类追求完美的理想？”

文明不可能仅仅是所有发生事件的总和，由于凑巧而有了某种我们认为是很优秀的形状或趋势。它必须是起导向作用的道德力量的表述，这种力量是在我们社会追求完美境界的过程中逐渐演化而来的。若是指一种无生命的事物，或甚至是指一个具有生物学意义上的生命的生物，“完美”一词的含义是再确切再简单不过的了。但是，人是复杂多思的，并且一直在试图超越自己，“完美”一词用于人身上，其含义就不可能是一个具体明朗的表述。因此，不同的民族对此的定义有不同的侧重。

我突然想到梵语“dharma”（原则）一词，它是我们语言中与“文明”最为贴近的同义词。事实上，除了最近生造出来的、无生气、无氛围的新词以外，没有其他的词是这个含义。“dharma”的具体意思是：一种把我们凝聚在一起的争取我们最大幸福的原则。这个词的大概含义是“事物的本质”。

“dharma”是对一个真正的人的最好表述。一个人可以拒绝“dharma”，可以选择成为一个动物，或一台机器，而这样也不会伤到它的毫毛，从外在的观点和物质的观点来看，它或许可以获得力量和财富；然而，对于一个人来说，这比死亡还要糟糕。我们的经文中这样写道：不义使人得势，不义使人得志，不义使人得所欲得，但他们将从根烂起。

如果一个人仅仅是一台舒服的赚钱的机器，那么，他自身并未体现出一个完美的人的特点。他就像花哨的空钱夹。他为那些打着呵欠，看不见听不见的偶像搭起一座祭坛，不断往那饥饿的无底深渊奉献昂贵的祭品。而按照我们的经文，即使他膨胀、叫嚷、猛烈地做手势，他还是会从根部烂掉。

中国伟大的智者老子，也用不同的话表达过同样的观点：“死而不亡者寿。”在此，他还表明，一个人揭示了自己生活的真谛，这真谛就是“dharma”。根据这种理想，文明应该是一个人肉体生命的“dharma”的表达。

文明与进步

一个多世纪以来，繁荣的西方把我们甩在其马车后，灰尘呛住了我们的喉咙，噪声震聋了我们的耳朵，无助使我们感到卑贱，他们的发展速度让我们不知所措。我们承认，那马车驱动的是进步，进步就是文明。如果我们大胆诘问："进步往何处去？进步又是为了谁？"——这种对进步的绝对性的质疑，会被视为东方所特有的荒谬。再后来，一个声音吩咐我们不仅要重视那架马车的科学上的完美，而且要我们注意路上的那个土坑有多深。

最近，我读到《国家》杂志——这是美国的一份周刊，其对事实真相的报道坦率而不畏缩——上面有一段文字是讨论英国空军轰炸阿富汗一个叫马素德的村庄。这番评论发表时正值"轰炸机强行在马素德村里降落，当飞行员们毫发未损地从残骸中爬出来时，他们都面对着五六个老太太，她们刚逃脱了炸弹，手里挥舞着样子吓人的刀"。编辑转引了伦敦《泰晤士报》的一个段落：

一个可爱的年轻姑娘保护着飞行员们来到附近的一个洞穴，首长把守在入口处，叫嚷着挥舞着刀子，不让围过来

的四十来号人靠近。炸弹仍在不停地往下投，所以，这群人十分眼红洞穴的安全，往里挤得透不过气来，飞行员们不得不推开恨得咬牙切齿的人群走出来……飞行员们饭食有照顾，附近的酋长们不时地来造访，他们大都很友好，还有一个牧师，他也同样令人愉快。妇女们负责一日三餐的安排，给养也从拉达和拉兹玛克安全运抵……24日晚上，他们被护送前往拉达，第二天破晓时分就到了那里。护送者把他们的俘虏假扮成马素德村的村民以防遭到袭击……有意味的是，我们首次发现这些飞行员的保卫者是年轻一代的人，他们中有男有女。

从以上叙述中，我们不难看出这样的事实：西方真是取得了可喜的进步。它已经在地球上空气稀薄的地方开辟了道路；炸弹已经把大规模毁坏的机械威力发展到了很高的程度。这在过去只有无数人的个人英勇行为才可相提并论。但是，这种巨大的进步却使人更加渺小。它骄傲地想象着。当它显示它的产品时，当它显示手中的权力时，它就最好地表达了自己。它没有看到这样一个事实，巨大的成果和设备的机械完美性，窒息了它身上的人性。

当我是个孩子的时候，我有自由去用一些无甚价值的东西做自己的玩具，或自己想象出一些游戏。在玩乐中，我的玩伴们也大显身手；事实上，我能全身心地投入我的游戏中，完全取决于他们的参与。有一天，在我们儿童时代的天堂里，闯入了来自市场的、来自成人世界的诱惑。

我的一个玩伴得到了一个从英国商店里买来的玩具。它完美无缺，很大，还非常逼真。有了这个玩具，他十分骄傲，玩游戏也不那么起劲了。他很小心地不让我们碰他那昂贵的玩具，这份独有让他感到十分荣耀，觉得自己比其他玩伴都优越，因为他们的玩具不值几个钱。我相信，如果他会用现代语言，他会说他比我们更文明，因为他拥有一个完美得荒谬的玩具。

在激动中，他没有意识到——一个在那时看起来并不十分重要的事实——这种诱惑使他看不到比他的玩具更完美的东西，那就是一个完美的孩子。玩具仅仅表明了他所拥有的财富，并不表明一个孩子的创造精神，也不能让他在玩乐中得到极大的快乐，因为他不能慷慨地邀请同伴们进入他的游玩世界。

那些去轰炸马素德村的飞行员，用他们最新发明的科学玩具，用这种仪器的效率去衡量他们的文明程度。他们强烈地感受到这些仪器的价值，所以他们随时准备测试自己人民的忍耐极限，别人则不时地有机会尝到这些完美机械的厉害。这种试探不仅仅在金钱方面，也包括人性方面。这些人想把玩具的诞生率和人的死亡率作个对比，他们似乎还很乐意这样做。科学给他们带来的巨大成功，使得物质那么低廉，但他们不去想想精神上要付出的代价有多大。

另一方面，那些马素德的村民们救护了这些飞行员——他们是来把村民无论男女老幼全杀光的——而这些村民们手中的武器是多么的原始。但是，他们的关切证明了人性的真。由此，他们最为彻底地表达了自己的性格。从所谓的日耳曼人的观点，也就是未来统治者的观点来看，村民们的所作所为是多么愚蠢。

在马素德的村民看来，善待来者是他们为人的一种品质，因而他们不会放弃机会，即使是面对那些充满敌意而又残忍的来客。从实用的观点来看，马素德的村民为此付出了高昂的代价，正如我们总是为那些视之如生命般宝贵的东西付出代价。文明的使命，就是为我们给出价值的标准。马素德的村民也许有许多难辞其咎的错误，但好客比复仇更有价值的观点却深入人心，这也许称不上是进步，但绝对是一种文明。

在危急时刻，谨慎地根除一切麻烦，动用武器对准人群，一概不论有罪或清白、战斗人员或非战斗人员，在这种时候，这样的残酷无情是肯定有效的。靠着这种没有感情的方法，人们能飞黄腾达，能找到自己的欲求，能征服对手——但他们是不完全的、停滞不前的。

我们可以想象某个可行的试验，从尾巴开始，但当胃完成蠕动时试验就戛然而止。生物的消化能力是无可挑剔的，它因此变得矮胖，但结果并不美丽。在上次战争开始时，当关于古怪可怕生物的描述出现在不同的媒体时，西方人被眼前的景象吓得直往后退。但是，他们现在似乎很欣赏这些古怪，因为他们很受宠爱，被放入培育箱里其他丑陋的东西中。肢解生命造成种种非正常，对于那些想做统治者的人来说，这种恐怖的举动也许能拓宽所谓进步的小道，但绝不是文明。

有一次，我曾从100英里外驱车到加尔各答。由于机械故障，我们不得不每过半小时就停下来加点水，在第一个村庄停下时，我们请求一个男人帮忙找点水。这可不是一件容易的事，当我们提出给他点酬金时，他虽贫穷，但拒绝了。在其他15个村庄，我们也遇到同样情形。在一个炎热的国家，旅行者常常需要饮水加水。而在夏天，水却不十分充裕，村民们认为给需要的人提供水是自己的职责。根据供求关系的规律，他们完全可以就此发一笔小财。但他们的理想，他们视之为“dharma”的理想，已经成为他们生命的一部分。让他们卖水，就像让他们出卖自己的生命一样。村子里有水，他们并不认为自己个人有什么功劳。

老子是这样评价一个真正的好人的：“生而不有，为而不恃，功成而弗居。夫唯弗居，是以不去。”我们可以出卖身外之物，但我们不能出卖一部分生命。完全吸纳真谛属于完美，这已经超出了自己意识的炼狱。要到达这一点，则是个漫长的文明过程。

不厌其烦地给过路的陌生人找水，而且又不邀功请赏，这比起每分钟能生产无数东西的能力来说，是多么的简单和易被忽视。一个腰缠万贯的旅行者，想独霸那儿的粮食市场，为了发一笔财，把所有的人都逼到了饥饿的边缘，他自以为高人一等，当他以每小时60英里的速度开过我们的村庄时，肯定不会留心这种找水给水的事情，因为这样的事不像高高耸立的电话线桩那长长的手指，会索取我们的注意力；也不像他那轰隆作响的马达，无礼地咆哮着，扰乱周遭静寂的音乐。

是的，这件事很简单，但这种纯朴是几个世纪熏陶的产物，它是很难模仿的。也许几年之后，我就学会了转动轮子给几千个针同时扎眼，但是，要心地纯朴地善待敌人或陌生人，却需要几代人的训练。纯朴并不给自己定价，也不索要报酬，因此那些醉心于权力的人不会意识到，纯朴这种精神表达是文明的最高产物。

崩解能扼杀更高等生命的稀有成果，就像鸟类世界中那些有着罕见美丽的鸟儿，贪婪的、有权有势的人们用文明的武器使它们遭到灭顶之灾。我一路上的经历更证明了这一点。我发现唯一向我们收钱的地方是加尔各答的郊区，那儿的生活比较富裕，给水也比较方便，而且到处都不缺水，水从四面八方不同渠道涌入这个城市。我们必须了解这种崩解的力量，以及它是怎样发挥作用的。

创造是真谛通过韵律形式的昭示，它有着表达和物质的两重性。物质必须以绝对的忠诚为表达作出牺牲。它必须知道它自身是没有任何目的的。因此，尽管它有着庞大的体积，它也不应该让人类游离于创造活动。

在印度，我们有一种梵语诗歌，所有复杂的语法规则在诗歌中都得到了精心的解释。这在一些读者身上擦出了快乐的火花，这些人即使在一件艺术作品中也要找出点关于权力的实证，乃至其具体表现。这表明，由于受了特殊的培养，有些人形成了一种思维方式，即以攀附权势为乐，以操纵物质为乐，完全忘记物质本身是无所谓任何价值的。现代西方世界也是同样的情况，进步是以物质繁殖的速度来衡量的。靠马力衡量进步的人，他们的精神力自然低下。马力用于驱动，精神力用于维系持久。那驱动的，我们称之为进步的原则；那持久的，我们称之为“dharma”，这个词，我认为应该译作“文明”。

科学家告诉我们，原子是由原子核构成，原子核吸引了众多的原子在它周围有节奏地舞蹈，因此形成完美的统一体。一个文明若要健康和强大，在它的中心必须有某种有创造力的理想有节奏地维系着周围成员的关系。这种关系是美妙的，并且不仅仅是实利的。当这种创造性的理想屈从于压倒一切的欲望，那么，这种文明就会燃成大火，就像星星点燃自己火葬的柴堆。这文明的弱火将燃成熊熊的大火，但这狂暴的辉煌将会以灭绝而告终。

在某些年代，西方社会有着精神理想作为中心动力，而不仅仅是刺激进步。它的宗教信仰积极协调社会中各种冲突的力量。他们认为，最有价值的是人类关系的和谐完美，而要达到这一点就必须控制人自私的本性，学会根本统一的哲学。然而，在过去两个世纪，西方发现了接近权力的宝库的路径，从此，它的注意力就不可抗拒地转向那个方向。对权力的热爱使他们把文明的内在理想搁置一旁。

从其活动范围来讲，人类的理想是指整个人类本性，包括其深度广度。这种理想的光变得微弱了，是因为它不够集中，它的生命力被抑制，是因为包容太多。它宁静平和，是因为它伟大；它柔和，是因为它全面。但是，我们的热情是狭隘的，而我们的冲动却是强烈的。这种攻击性的贪婪，后来占据了西方人的心灵。这发生在很短的时间里，却突然产生了如洪水般泛滥的事情，呛死了大地与时空。人性的一切都裂成碎片。

为了在分裂的混乱中维持一份和谐一统的表象，各种组织纷纷建立，大规模大批量地生产和平、怜悯和社会幸福。但是，组织永远也不会有一个完美的整体特性。诚然，我们需要它们，正如我们需要饮水的器皿一样，但更多的是需要水而不是需要器皿。器皿只不过是些累赘。如果我们有兴趣无限量生产它们的话，其结果是惊人的，但对生命也有着粉碎性的挫伤。

我曾读过柏拉图的一段话："一个智力发达、社会化程度高的社会，只有保持一个整体时，才能继续发展；超过了这一点，发展必须停止。否则，社会就会崩解，不复成为一个有机的整体。"只有当其核心是"dharma"，某种活着的情感时，这种整体的精神才会得以维持，使人们彼此合作，共享生命的礼物。

老子曾说过："同于失者，失亦乐得之。"为了追求舒适方便、繁殖生产，反而模糊了对永恒的追求，欲望被唤醒了，邪恶趾高气扬地从欧洲走进亚洲，残害人类，践踏生命的花朵——那开放在人性圣地的产物。而我们却要为这死亡的行进建造凯旋的拱门。即使我们不能阻挡它前进的步伐，至少我们应当拒绝承认这种胜利。让我们像老子说得那样“死而不亡者寿”。

我们的经文这样劝告我们：在贪婪中，有罪；在罪孽中，有死。你们的哲学家曾经说过：贪婪是最大的灾难。这些都是至理名言。若贪婪成了一个民族的首要性格，那就预示着他们的灭亡，而且仅靠国家联盟这样的组织，是不能挽救他们的。让私欲的洪水无节制地在内心流淌，而同时又想在外部建造一道大坝挡住其去路，这样的做法是永远不会成功的。这洪水由于遇到阻力相反会更加汹涌。老子云：“不欲以静，天下将自定。”这就是生命的原则。因此，在一个社会中，所有组成生命的训导和教诲都是帮助我们控制自私贪婪的。

文明昌盛时，也就是说，当其大多数的时间追求内在理想而非屈服于外在诱惑时，金钱所体现的价值与现在不一样。难道你没有意识到这一事实巨大地改变了我们的生活，野蛮地将我们遗产中的无价之宝变得一文不值了？我们对这种灾难性的变化已经习以为常，因而我们不能充分意识到这让我们尽失尊严。

请想象一下，如果一天，在一次聚会上，大家突然离座起立，惊恐地看着一个人戴着一串骷髅头项链走进来，我们今天会毫不犹豫地说，这纯粹是野蛮。难道没有其他相似的人类堕落的象征——难道没有野蛮人骄傲地套在脖子上的其他形式的骷髅头吗？

在远古时代，囤金百万从来不被视为一种财富，除非另有伟大之处。在东方以及西方，人为了维持自己的尊严，总是看不起仅仅代表着占有而不负道德责任的金钱。赚钱在哪儿都遭人鄙视，而唯利是图的人更是受人唾弃。

在印度，婆罗门曾备受尊敬，这不仅仅是因为他们的学识和生活的纯朴，更由于他们对物质财富的冷漠。这仅仅表明我们的社会充分意识到其生命力取决于理想，这些理想不会受到物欲的羞辱。但是，因为进步在今天被视为文明的特征，因为进步就是物质扩张，金钱已建立起它的统治权。因为在这雄心勃勃的世界，金钱是向各方发送压力的中心能源房。

从前，君主们对自己尊重学者、尊重那些精神上有追求的人、尊重具有创造力的人，不会感到羞愧，因为在那时候，追求更高层次的生活质量才是文明的推动力。但是，今天的人，无论他们的社会地位如何，从来不会认为自己对金钱顶礼膜拜有低贱之嫌，这倒不全是因为他们有所指望，而是因为仅仅是占有金钱就可以炫耀。这表明一个纯粹的人败于一个物质的人。这巨大的堕落，就像一个黏滑的爬行动物，已经把它弯曲的尾巴缠绕在整个人类世界。若想把人类从其看不到头的尾巴的捆绑中解脱出来，我们必须先解放自己的心灵，不再崇拜这不神圣的权力这邪恶的长龙，那么，它就不能成为凌驾于人类文明之上的神祇。

我相信，你们知道这没有灵魂的贪婪已经张开了它的血盆大口，想来撕咬你们国家的肋骨，这张嘴也许比它在世界其他任何地方都张得大。我真心希望你们能想出点办法，来拯救自己的国家，不让她被咬成空洞。

但是，敌人的袭击还不是最危险，最危险的是防御者的背叛。在你们现在一代年轻人中，我看到他们屈服于一种邪恶势力的迹象，堕落总是以其迷人和巨大来诱惑人。我对此深感担忧。他们在摩天大楼的旷野里，在刺耳的新闻报纸的头版头条上，在煽动者的叫嚷声中，四处寻找文明。他们离弃了自己有远见卓识的预言家们，在暮色中徘徊，企求萤火虫给一点光，而这些小虫子提着小灯笼只是为了爬进附近的尘土里。

他们会明白“文明”一词的含义，因为他们回到家，真正领悟了他们伟大的先人老子所说的一段话：“有德司契，无德司彻。”他短短数语便表达了我试图在这篇文章中传达的意思。进步与内在理想无关，却与外在的诱惑有联系，进步就是为了满足我们无休止的索求。但是，文明却是一种理想，它给予我们力量和欢悦，去履行我们的义务。

对于权利和义务所造成的生命的僵化和心灵的僵硬，老子同样作了精辟的阐述：

万物草木之生也柔脆，其死也枯槁。故坚强者死之徒，柔弱者生之徒。是以兵强则不胜，木强则兵。强大处下，柔弱处上。

我在前面已经转述过我们印度先贤的话：放弃原则，人能得势，得己所欲，能征服对手，但他们会从根部烂掉。财富并不是生命力旺盛的福利，其内在有死亡的种子。这种财富西方是用人血来滋养的，而现在不是收获时。几世纪以前，你们的圣人也发出了同样的警告：万物繁茂然后变金黄，这称为“非理”，它不久就会停止。

你们的老师曾说过：添寿是福。因为添寿不同于添加东西，它永远不会超越生命的极限。高山上的松树长得高大挺拔，它每一寸树干总有着内在平衡的韵律，因此，即使在它看起来最繁茂的部分，也保持着缄默的内敛。这松树和它的树枝都有节律、有活力，树干、树叶、花和果实都在树上，它们的茂盛不是一种病态的炫耀，而是一种祝福。但是，若一个系统主要是追求利润，而不是供生命所需，它就会助长社会中丑陋现象的膨胀，抹去美好的个性特征。由于不是我们生命的一部分，它们与生命的韵律并不合拍。

我们现在这个社会，应该有其舞姿、有其音乐、有其躯干的美，星星和花朵都是它的表达，所有这些都与上帝创造的初衷相一致。但是，现在这个社会在贪婪的专横统治之下，就像一辆超载的破车，吱吱嘎嘎地颠簸在路上，从有颠到无，在绿色的生命上辗出一道道丑陋的车辙，直到被路边的粗俗压垮，停在不知什么地方。因为它就是“非理”，正如你们的老师所说的，“非理”很快就会停下来。

（秦　悦　译）

真理

在东方，我们的心灵已经厌倦于产生新的思想，我们的生命停止了各种新的试验。由于这种种做法，我们已在失去平衡感。这使得我们一直思维缺少比例，造成不准确和夸耀，这也使得精神视野一直有所欠缺，令虚无和迷信在旷野里丛生。

另一方面，当我们试图跟着西方去追求速度时，我们忘了任何一种运动都会把它自身从永恒的节律拉远，让它毁灭在不可控制的爆炸的硝烟之中。这种运动，则是因为那些不成比例的巨人松开了那些巨大的力量，任其冲破适当的限度，其汹涌狂暴震惊了整个世界。

很明显，西方的生活就像一座重量不断增加的摇摇欲坠的冰山，已经失去了道德平衡。它知道事情的发展就像醉汉那样踉踉跄跄，但又不知道怎样去制止，但它却不去关闭所有的酒亭。

东方的年轻一代，沉醉于来自西方的美酒所带来的吵闹，同样也步履不稳，他们还讥笑说我们对能带来平衡的完美的膜拜和追求让我们有了惰性。他们全然忘记了运动中的东西比静止的东西更需要平衡。

在我来中国旅行的途中，我的一位印度朋友问他的日本旅伴，为何日本忽视与中国培养友谊。那个日本人并不直接回答，转而问一旁的德国旅伴，问他是否认为德国和法国会结起友谊的纽带。这清楚地告诉了我们现代的学童的想法，以及西方校长教育出来的东方人的想法。他们只学习书本，但从不吸取教训。对于能模仿老师的发音和老师的手势，能讲老师的那种语言，能挣到满分，或是老师在背上的轻轻一拍，他们十分自豪。然而，与此同时，他们却没有意识到鲜活的知识已经从他们的身边溜走。

这个日本年轻人显然对自己的回答很满意，但我相信他并不能代表最优秀的日本人。不过，他也知道中国与日本之间的仇恨在欧洲也找得到。他没有意识到这种可怕的仇恨疯狂地驱使着德国和法国把对方置于死地，进入了相互毁灭的恶性循环。

这段对话，在我内心激起了层层波澜，这株悉心培养出来的民族主义的毒草正把它的种子撒向世界各地，我们涉世不深的东方学童还为之欢欣鼓舞，因为这些种子带来的收获——收获反感以及它自我毁灭的无限循环——有个听上去很冠冕堂皇的西方名字。

然而，我们现在应该意识到一个古老的真理，虽然它已被打入冷宫：能拯救我们的不是骄傲，不是仇恨带来的满足感，不是外交官的谎言，不是金钱所代表着的权利，也不是肌肉或任何组织。

东西方文明在过去是很绚烂的，那是因为它们给所有时代的人们提供了精神食粮，它们的生命力在于对理想的信念，而信念是有创造力的。这两种文明最终会毁于这些早熟的现代学童之手。他们精明而又肤浅，好挑剔，崇拜自我，斤斤计较市场赢利，热衷于权力，追逐易逝的东西，自以为能用金钱买到人的灵魂，等把它们吸干以后就扔到垃圾筒。最终，他们的欲望会成为一种自杀性的力量，烧着邻居的房子，而自己也被火焰所包围。

伟大的理想造就伟大的人类社会。而盲目的欲望则将它们撕成碎片，它生产食物让人类社会繁荣，但为了填满欲壑而将生命吸干，将导致人类社会的毁灭。我们的先哲曾经教导我们：真理能拯救我们免于毁灭。在此，让我对先哲的话作些解释。

印度人有个传统，每天必须对照某个伟大的教诲进行静心反思，使其含义自然融入我们自身，让我们的世俗生活中有了寓于永恒的平衡和平和。对我最有帮助的是教诲，是“satyam”，即“真理”。

人最害怕的是数字，仅仅相加而毫无关联。让他通过不同的几道门分别去认识他们，这对他来说是十分厌烦的。

在孩子最初的生活经验中，他总是把所有的东西塞到嘴里，直到后来，他才知道放在手里的东西并不都是食物。在我们智力和心智的最初阶段，我们一味地贪婪，把不相干的食物也抢到手里，想把它们贮存起来。终于，心灵认识到，它所寻求的不是事物本身，而是通过它们找寻一种价值。

人能在哪里实现真理呢？世上没有一件事是永恒不变的。事情总是在瞬息万变，哪怕在我们凝视时也会变成别的形状或其他事物。高山只不过是时间舞台上慢慢移动的影子。星星在黑暗深处发出微光，然后融入尘封的记忆。因此，在梵语中，这世上的潮涨潮落是“samsara”，意为不断消长，而这种“samsara”我们称之为“maya”，即梦想。那么，真理在哪儿呢？

真理在其运动中最完美地阐述着自己——一股水流冲越过终结的大石头，这就意味着无限和不可捉摸。在舞蹈中，真理能使不同的姿势在一起舞蹈，却不彼此消融，因为它们是某种音乐真谛的表达，这种音乐真谛理解并传递各自独立的表现形式。

道德家们经常悲哀地说，这世界是空虚的，因为一切都在运动变化。他们也许会说，歌不是真的，因为它的每一个音节都在飘逝。我们必须知道，在这运动和变化着的世界里，正是这种变化告诉人们，真理是永恒的。若没有真理的传播，这世界必然会在社会无序时停滞不前。

如果一个人的眼睛只盯着世界的某个方面，即它那永不停止的变化，这世界仿佛就像一个骗局，正如卡里这位黑色的毁灭之神所玩的把戏一样。对他来说，这世界是事物的毫无意义的进步，是从一个机会跳到另外一个机会的盲目演变，是在靠撞运气求活路。在这条道上，他无所顾忌地残酷打击那些挡他的道、妨碍他利益的人。他丝毫不会想到他伤害到自己的真理，因为在他对事物的安排中，他根本不承认真理。一个孩子可以毫无内疚地把他做游戏的书本撕碎，因为对他来说这几页纸中并没有什么真理。

在认识这个世界的过程中，值得考虑的一点是，认识其永恒含义，让每一刻的每一变化都到达终点。我们自己的成长过程也是如此。这些变化是数不清的，然而，它们自有快乐，因为每个飞逝的部分都会汇集到终点，形成整体。这就是生活本身。在我讲话的此时此刻如果表达的不是我的生命，所有这些单个的词语都会成为我的负担，而我的生命是它们真理的源泉。

显而易见，在这世上运动着的事物的行进是永无尽头的，但是，我们要实现的是真理，世界正是靠它来弥漫的。如果我们对财富的贪婪让我们忽视了这伟大的真理，好像这世界上除了这些运动着的事物就再无其他，那么，我们的骄傲就会随着我们生产和敛聚的东西的数量与日俱增，相互嫉妒的竞争轰隆隆地辗在冲突的黑暗之路上。对完美的追求，给我们带来真正的快乐。我们可以达到完美，但不是通过敛聚财物，而是通过为了理想而放弃物质追求。一个真正的艺术家所使用的材料极少，但足以达到其艺术目的。华丽花哨的繁多，让人完全忘记了理想的最终价值，这未免太野蛮落后了。

根据《奥义书》，有限与无限的和解，永远变化着的事物与完美的永恒精神的和谐才是最完整的真理。在我们的生活和工作中，如果这两者的和谐被打破，我们的生活不是化为浅浅的影子，就是随着物质的积攒而胀大。

我们必须承认，东方人的心灵更多地关注永恒的平和，而很少在乎永恒在许多事物或方面的表现形式。这种心态反映了一种对精神财富的吝啬，即为了保证它的安全而把它关在一个空间有限的容器里。我们在这狭小的世界里尽享天年。那种随时准备去冒险探索，去获得丰富人生的活力，我们都没有。真理即是理想，它从东方先知先觉的伟大贤哲的心里淌出，但经过几世纪的流淌，变得停滞污浊，由于懒于想象，灵感的泉流被芦苇和垃圾所阻塞。

当心灵的水流变得弱小时，那些无生命的东西就堆积在一起，威胁着我们的生活，最终我们的生活也静止不动了。我在这个国家以及自己的祖国都看到了这种丧失生命的东西给我们带来的负担。我们已经不再提出问题，并且还故意拒绝弄清楚。因此，我们不得不时常付出代价，将我们的灵魂牺牲于那属于无生命的祭台。这是我们对聋者和盲者，对没有回应的事物的最好的敬意。我们颇费心思，为鬼怪建造高房大屋、棚屋和支撑物，却被剥夺了用途。

我们东方人，正在我们生活的各个方面扩大着埋葬过去的坟地，在地上竖起高高的墓碑，而在这地上我们可以种上许多庄稼以供将来之需。为了不使一堆死骨头化为灰尘，我们浪费了多少的精力！不朽的真理之水在我们的生活中日渐稀少，那挡住它去路的沙粒却不能不引起我们的尊重和注意，因为它不流动，因为它荒瘠。

追求完美的种种理想，必须随着时代的变迁而不断重生，去接纳新的东西，去占领新的领域。否则，毫无思想的重复只会带来终结，人类也会变成受制于过去的傀儡，被无数的绳子操纵着，却十分自傲自己无懈可击的动作。这种一脸严肃的木娃娃的表演会一直继续下去。如果它的舞台不受到外界的侵扰，即使被胆大妄为的人将它的衣饰粗鲁地抢走，去满足他们远方的市场，木娃娃的齿轮也不会轻易被拉扯坏。

然而，正是商人们的大逆不道的摇动拯救了我们，把我们从昏昏欲睡中惊醒。那些醒来的人，至少必须思考，即使那些昏睡着的人还在喃喃地重复着什么。我们对这种挫败感的第一个反应是，我们错误地听信了原先的理想。也许我们需要一段时间才能意识到那些理想不应受到责备，要责备的是我们自己的处理方式。因为如果我们的理想是给我们的精神予自由的，而我们却把它关于盲目习惯的地牢里，那么，它们最终成了羁绊我们的精神的最为坚固的镣铐。

生命是反叛的。生命在成长过程中不断打破限制它的种种框架，因为那些框架只在某个特定时期内提供庇护，如果它们不改变的话，就会变成监狱。死亡是与这天生的反叛者进行的最后一场战斗，这反叛者总是试图打破一切错误的条条框框。在我们的社会里，如果反叛的精神，即生命的精神受到抑制，专横统治便不可一世，在这样的社会里，命令比精神更神圣，习俗比理性更不可侵犯。在这样的社会里，生命变得不堪一击，因为生命的表现被限制在极小的范围内。因为正如我们所看到的那样，完整的现实在于真理在运动中表达着自己。对于真理，我们不应该一味地顺从，将自己的习惯附加于它，而是应该把它作为我们一切运动的中心，这样，我们既取得了控制的节奏，又获得了精神的自由。

事实上，如果一个人想要实现真理，他不仅要通过自我控制，而且还要通过自由，但这种做法会遇到种种危险和困难。不过，正如一条小溪，当它流过硬物和石头时，它的声音才最动听，因为它所遇到的阻力给予了生活更具丰富内涵的音乐。对于那些喜好慵懒宁静的人，任何积极创造的运动都会被视为对传统尊严的一种挑衅——从生的疾病及其困扰、贫穷、侮辱和失败窒息了他们的心灵。他们被剥夺了自由，这就是对他们的惩罚，因为他们试图禁锢真理。

如上所述，生命是反叛的。一些东方学童也许会马上得出结论，这种反叛形式必须模仿西方。但是，他们应该知道：死亡的习俗，是对我们过去生活的抄袭；模仿，是对他人生活的抄袭。

两者都成了不真实的东西的奴隶。前者虽是条锁链，但至少还符合我们的身材；后者哪方面都不合适，是一根地地道道的锁链。成长，而不是外借，让生命有了自由。

东方，像一条长得过长的阑尾那样跟在西方后面，试图鞭打天空，反抗诸神。这种做法是行不通的，也是枉然的。对人性来说，这不仅过分，而且是一种失望和欺骗。因为如果东方想要复制西方的生活，那复制品一定会是伪造的。

西方如洪水般涌来的商品、旅游者、机关枪、校长和宗教，让我们感到不知所措。他们所带来的宗教是伟大的，但其追随者却一心一意想发展一长串皈依者，他们的心思并不在那些不能带来赢利的细枝末节，或是在实际中遇到的不便。西方对我们的最大的帮助就是他们活跃的心灵对我们的生活产生了影响，触动我们把思想变为行动。因为其心灵是伟大的，其智力活动是正直的，有真理的标准。

当我们的心灵从沉睡中惊醒，它的第一反应是强烈地意识到以前发生过些什么。然而，这种突然间醒来的惊奇现在已慢慢消退。了解其中发生了什么，现在应该是时候了。我们开始认识自己。我们正在寻找自己的心灵，因为西方的心灵唤起了我们的注意。

我内心坚信，在东方，我们的主要特点不是靠获得利益，不是给成功标上高价，而是通过实现自己的“dharma”，实现自己的理想来进行自我实现。让觉醒的东方驱使我们去发现我们文明的本质和普遍含义，扫除文明道路上的碎石，不受滋生杂质的死水污染，使它成为人类各种族交流的渠道。

（秦　悦　译）

中国人

眼中的泰戈尔

遥寄印度哲人泰戈尔

冰　心

泰戈尔！美丽庄严的泰戈尔！当我越过“无限之生”的一条界线——生——的时候，你也已经越过了这条界线，为人类放了无限的光明了。

只是我竟不知道世界上有你——

在去年秋风萧瑟，月明星稀的一个晚上，一本书无意中将你介绍给我，我读完了你的传略和诗文——心中不作别想，只深深地觉得澄澈……凄美。

你的极端信仰——你的“宇宙和个人的灵中间有一个调和”的信仰；你的存蓄“天然的美感”发挥“天然的美感”的诗词，都渗入我的脑海中，和我原来的“不能言说”的思想，一缕缕的合成琴弦，奏出缥缈神奇无调无声的音乐。

泰戈尔！谢谢你以快美的诗情，救治我天赋的悲感；谢谢你以超卓的哲理，慰藉我心灵的寂寞。

这时我把笔深宵，追写了这篇赞叹感谢的文字，只不过倾吐我的心思，何尝求你知道——

然而我们既在“梵”中合一了，我也写了，你也看见了。

1920年8月30日夜

（原载《记事珠》）

欢迎泰戈尔

郑振铎

我在梦中见到一座城，全地球上的一切其他城市，都不能攻胜他；

我梦里见这城是一座新的朋友的城。

没有东西比健全的爱更伟大，它导引着一切。

它无时无刻不在这座城的人民的动作上，容貌上及言语上表现出来。

——惠特曼（Whitman）

泰戈尔（Rabindranath Tagore）快要东来了。在这本杂志放在读者手中或书桌上时，他也许已经到了中国。

我可以预想得到，当泰戈尔穿了他的印度的朴质的长袍，由经过远航而疲倦的船上，登到中国的岸上时，我们一定会热烈地崇拜地张开爱恋的两臂，跑去欢迎他；当他由挂满了青翠的松枝的门口，走到铺满了新从枝头撷下的美丽的花的讲坛上，当他震着他沉着而美丽的语声，作恳挚的讲演时，我们一定会狂拍着两掌，坐着，立着，甚至站到窗台上，或立在窗外，带着热忱与敬意，在那里倾听，心里注满了新的愉快与新的激动。

诚然的，我们应该如此的欢迎他；然而我们的这种欢迎，似乎还不能表达我们对于他的崇敬、恋慕与感激之心的百一。

我们不欢迎残民以逞，以红血白骨筑凯旋门的恺撒，这是应该让愚妄的人去欢迎的；我们不欢迎终日以计算金钱为游戏的富豪，不欢迎食祖先的余赐的帝王或皇子，这是应该让卑鄙的人去欢迎的；我们不欢迎庸碌的趁机而获享大名的外交家、政治家及其他人，这是应该让无知的，或狡猾而有作用的人去欢迎的。

我们所欢迎的乃是给爱与光与安慰与幸福于我们的人，乃是我们的亲爱的兄弟，我们的知识上与灵魂上的同路的旅伴。

世界上使我们值得去欢迎的恐怕还不到几十个人。泰戈尔便是这值得欢迎的最少人数的人中的最应该使我们带着热烈的心情去欢迎的一个人！

他是给我们以爱与光与安慰与幸福的，是提了灯指导我们在黑暗的旅路中向前走的，是我们一个最友爱的兄弟，一个灵魂上的最密切的同路的伴侣。

他在荆棘丛生的地球上，为我们建筑了一座宏丽而静谧的诗的灵的乐园。这座诗的灵的乐园，是如日光一般，无往而不在的，是容纳一切阶级，一切人类的；只要谁愿意，他便可以自由地受欢迎地进内。在这座灵的乐园里，有许多白衣的诗的天使在住着。我们愉悦时，她们则和着我们歌唱；我们忧郁时，她们则柔和地安慰着我们；爱者被他的情人所弃，悲泣如不欲生，她们则向他唱道："你弃了我，自己走去了。我想我应该因你而悲伤，把你的孤寂的影像放在我的心上，织在一首金的歌里，但是，唉，我真不幸，时间是太短促了。青春一年一年地消磨了；春天是逃走了；脆弱的花是无谓地凋谢了，聪明的人警告我说，人生不过是荷叶上的一滴露水。难道我不管这一切，而只注视那以她的背向我的人么？那是很鲁笨的，因为时间是短促的。”当他听见这个歌声，他的悲思渐渐如秋云似的融消了，他抹去他的眼泪，向新的路走去；母亲失了她的孩子，镇日地坐在那里下泪，她们则向她唱出这样的一个歌来：“当清寂的黎明，你在暗中，伸出双臂，要抱你睡在床上的孩子时，我要说道：‘孩子不在那里呀！’——母亲，我走了。我要变成一股清风，抚摸着你，我要变成水中的小波，当你浴时把你吻了又吻。大风之夜，当雨点在树叶中淅沥时，你在床上，会听见我的微语，当电光从开着的窗口闪进你的屋里时，我的笑声也偕了它一同闪进了。如果你醒着躺在床上，想着你的孩子到了深夜，我便要从星里向你唱着，‘睡呀母亲，睡呀’。我要坐在照彻各处的月光上，偷到你的床上，趁你睡着时，躺在你的胸上。我要变成一个梦儿，从你眼皮的小孔中，钻到你睡眼的深处；当你醒起来吃惊的回顾时，我便如闪耀的萤火，熠熠地向暗中飞去了。当普耶大祭日，邻家的孩子们来屋里游玩时，我便要融化在笛声里，镇日在你心头震荡。亲爱的阿姨带了普耶礼来，问到，‘我的孩子在哪里呢，姊姊？’母亲，你要柔声地告诉她道，‘他呀，他现在是在我的瞳仁里，他现在是在我的身体里，在我灵魂里’。”她听了这个歌，她的愁怀便可宽解了许多，如被初日所照的晨雾一样，渐渐地收敛起来了；我们怀疑，她们便能为我们指示出一条信仰大路来，我们失望，她们更能为我们重燃起希望的火炬来，总之，无论我们怎样在这世界被损害、被压抑，如一到这诗的乐园里，则无不受到沁入心底的慰安，无有不从死的灰中再燃着生命的青春的光明来的。

我们对于这个乐园的伟大创造者，应该怎样致我们的祝福，我们的崇慕，我们的敬爱之诚呢？

现在的世界，正如一个狭小而黑暗的小室。什么人都受物质主义的黑雾罩着，什么人都被这“现实”的小室紧紧地幽闭着。这小室里面是可怖的沉闷、干枯与无聊。在里面的人，除了费他的时力，费他的生命在计算着金钱，在筹思着互相剥夺之策，在喧扰的在暗中互相争辩着嘲骂着如盲目者似的以外，便什么东西都不知道，什么生的幸福都没有享到了。泰戈尔则如一个最伟大的发见者一样，为这些人类发见了灵的亚美利亚，指示他们以更好的美丽的人的生活；他如一线绚烂而纯白的曙光，从这暗室的天窗里射进来，使他们得互相看见他们自己，看见他们的周围情境，看见一切事物的内在的真相。虽然有许多人，久在暗中生活，见了这光便不能忍受地紧闭了两眼，甚且诅骂着，然而大多数肯睁了眼四顾的，却已惊喜得欲狂起来。这光把室内四周的美画和宏丽的陈设都照出来，把人类的内在的心都照出来。

光，我的光，充满世界的光，吻于眼帘的光，悦我心曲的光！

啊，可爱的光，这光在我生命的中心跳舞；可爱的光，这光击我爱情的弦使鸣，天开朗了，风四远的吹，笑声满于地上。

——《吉檀迦利》之五十七

他们现在是明白世界，明白人生了。

我们对于这个伟大的发见者，这个能说出世界与人生的真相者，应该怎样地致我们的祝福，我们的崇慕，我们的敬爱之诚呢？

西方乃至全世界，都被卷在血红的云与嫉妒的旋风里。每个民族，每个国家，每个党派，都以愤怒的眼互视着，都在粗声高唱着报仇的歌，都在发狂似的随了铁的声，枪的声而跳舞着。他们贪婪无厌，如毒龙之张了大嘴，互相吞咬，他们似乎要吞尽了人类，吞尽了世界；许多壮美的人为此而死，许多爱和平的人被其牺牲，许多宏丽的房宇为之崩毁，许多珠玉似的喷泉，为之干竭，许多绿的草染了血而变色，许多荫蔽千亩的森林被枪火烧得枯焦。泰戈尔则如一个伟人似的，立在喜马拉雅山之巅，立在阿尔卑斯山之巅，在静谧绚烂的旭光中，以他的迅雷似的语声，为他们宣传和平的福音，爱的福音，他的生命如“一线镇定而纯洁之光，到他们当中去，使他们愉悦而沉默”。他在他们黑漆漆的心中，把他的“和善的眼光坠在他们上面，如那黄昏的善爱的和平，覆盖着日间的骚扰”。

世界的清晨，已在黑暗的东方之后等待着了。和平之神已将鼓翼飞来了。他在祈祷，他在赞颂，他在等候，他的歌声虽有时而沉寂，而他的歌却仍将在未来者的活泼泼的心中唱将出来的，他的使命也终将能完成的。

我们对于这个伟大的传道者又应该怎样地致我们的祝福，我们的崇慕，我们的敬爱之诚呢？

他现在是来了，是捧了这满握的美丽的赠品来了！他将把他的诗的灵的乐园带来给我们，他将使我们在黑漆漆的室中，得见一线的光明，得见世界与人生的真相，他将为我们宣传和平的福音。

我们将如何的喜悦，将如何热烈地欢迎他呢？

任我们怎样地欢迎他，似乎都不能表示我们对于他的崇慕与敬爱之心的百一。

我醒来了，在清晨得到他的信。

当夜间渐渐的万籁无声，群星次第出现时，我要把这封信摊放在我的膝上，沉默地坐着。

萧萧的绿叶会向我高声地读它，潺潺的溪流，会为我吟诵着它，而七个智慧星，也将在天上对我把它歌唱出来。

——《采果集》之四

这是泰戈尔他自己歌咏上帝的诗章之一，而我们现在也似乎有这种感想。我们表面上的热烈的欢迎，所不能表白的愉快与崇拜与恋慕，在这时是可以充分表白出来。

他的伟大是无所不在的；而他的情思则唯我们在对着熠熠的繁星，潺潺的流水，或偃卧于绿荫荫的绿草上，荡舟于群山四围的清溪里，或郁闷地坐在车中，惊骇的中夜静听着窗外奔腾呼号的大风雨时才能完全领会到。

我们应该不仅为表面上的热烈的欢迎！

（原载《小说月报》第14卷第9号，1923年9月）

泰山日出

徐志摩

振铎来信要我在《小说月报》的《泰戈尔号》上说几句话。我也曾答应了，但这一时游济南游泰山游孔陵，太乐了，一时竟拉不拢心思来做整篇的文字，一直挨到现在期限快到，只得勉强坐下来，把我想得到的话不整齐地写出。

我们在泰山顶上看出太阳。在航过海的人，看太阳从地平线下爬上来，本不是奇事；而且我个人是曾饱饫过江海与印度洋无比的日彩的。但在高山顶上看日出，尤其在泰山顶上，我们无餍的好奇心，当然盼望一种特异的境界，与平原或海上不同的。果然，我们初起时，天还暗沉沉的，西方是一片的铁青，东方些微有些白意，宇宙只是——如用旧词形容——一体莽莽苍苍的。但这是我一面感觉劲烈的晓寒，一面睡眼不曾十分醒豁时约略的印象。

等到留心回览时，我不由得大声的狂叫——因为眼前只是一个见所未见的境界，原来，昨夜整夜暴风的工程，却砌成一普遍的云海，除了日观峰与我们所在的玉皇顶以外，东西南北只是平铺着弥漫的云气，在朝旭未露前，宛似无量数厚毳长戎的绵羊，交颈接背的眠着，卷耳与弯角都依稀辨认得出。那时候在这茫茫的云海中，我独自站在雾霭溟蒙的小岛上，发生了奇异的幻想——

泰戈尔一行访华时与徐志摩、林徽因等合影

我躯体无限的长大，脚下的山峦比例我的身量，只是一块拳石；这巨人披着散发，长发在风里像一面墨色的大旗，飒飒地在飘荡。这巨人竖立在大地的顶尖上，仰面向着东方，平拓着一只长臂，在盼望，在迎接，在催促，在默默地叫唤；在崇拜，在祈祷，在流泪——在流久慕未见而将见悲喜交互的热泪……

这泪不是空流的，这默祷不是不生显应的。

巨人的手，指向着东方——

东方有的，在展露的，是什么？

东方有的是瑰丽荣华的色彩，东方有的是伟大普照的光明——出现了，到了，在这里了……

玫瑰汁、葡萄浆、紫荆液、玛瑙精、霜枫叶——大量的染工，在层累的云底工作；无数蜿蜒的鱼龙，爬进了苍白色的云堆。

一方的异彩，揭去了满天的睡意，唤醒了四隅的明霞——光明的神驹，在热奋地驰骋……

云海也活了；眠热了兽形的涛澜，又回复了伟大的呼啸，昂头摇尾地向着我们朝露染青馒形的小岛冲洗，激起了四岸的水沫浪花，震荡着这生命的浮礁，似在报告光明与欢欣之临在……

再看东方——海句力士已经扫荡了他的阻碍，雀屏似的金霞，从无垠的肩上产生，展开在大地的边沿。起……起……用力，用力，纯焰的圆颅，一探再探的跃出了地平，翻登了云背，临照在天空……

歌唱呀，赞美呀，这是东方之复活，这是光明的胜利……

散发祷祝的巨人，他的身彩横亘在无边的云海上，已经渐渐地消翳在普遍的欢欣里；现在他雄浑的颂美的歌声，也在霞彩变幻中，普彻了四方八隅……

听呀，这普彻的欢声；看呀，这普照的光明！

这是我此时回忆泰山日出时的幻想，亦是我想望泰戈尔来华的颂词。

（原载《小说月报》第14卷第9号，1923年9月）

泰戈尔来华

徐志摩

泰戈尔在中国，不仅已得普遍的知名，竟是受普遍的景仰。问他爱念谁的英文诗，十余岁的小学生，就自信不疑地答说泰戈尔。在新诗界中，除了几位最有名神形毕肖的泰戈尔的私淑弟子以外，十首作品里至少有八九首是受他直接或间接的影响的。这是很可惊的状况，一个外国的诗人，能有这样普及的引力。

现在他快到中国来了，在他青年的崇拜者听了，不消说，当然是最可喜的消息，他们不仅天天竖耳企踵地在盼望，就是他们梦里的颜色，我猜想也一定多增了几分妩媚。现世界是个堕落沉寂的世界；我们往常要求一二伟大圣洁的人格，给我们精神的慰安时，每每不得已上溯已往的历史，与神化的学士艺才，结想象的因缘。哲士、诗人、与艺术家，代表一民族一时代特具的天才；可怜华族，千年来只在精神穷窭中度活，真生命只是个追忆不全的梦境，真人格亦只似昏夜池水里的花草映影，在有无虚实之间。谁不想念春秋战国才智之盛；谁不永慕屈子之悲歌，司马之大声，李白之仙音；谁不长念庄生之逍遥，东坡之风流，渊明之冲淡？我每想及过去的光荣，不禁疑问现时人荒心死的现象，莫非是噩梦的虚景，否则何以我们民族的灵海中，曾经有过偌大的潮迹，如今何至于沉寂如此？孔陵前子贡手植的楷树，圣庙中孔子手植的桧树，如其传话是可信的，过了二千几百年，经了几度的灾劫，到现在不时有新枝从旧根上生发；我们华族天才的活力，难道还不如此桧此楷？

什么是自由？自由是不绝的心灵活动之表现，斯拉夫民族自开国起直至19世纪中期，只是个庞大喑哑在无光的空气中苟活的怪物，但近六七十年来天才累出，突发大声，不但惊醒了自身，并且惊醒了所有迷梦的邻居。斯拉夫伟奥可怖的灵魂之发现，是百年来人类史上最伟大的一件事迹。华族往往以睡狮自比，这又泄漏我们想象力之堕落；期望一民族回复或取得咬人噬兽的暴力者，只是最下流"富国强兵教"的信徒，我们希望以后文化的意义与人类的目的明定以后，这类的谬见可以渐渐地销匿。

精神的自由，决不有待于政治或经济或社会制度之妥协。我们且看印度。印度不是我们所谓已亡之国吗？我们常以印度朝鲜波兰并称，以为亡国的前例。我敢说我们见了印度人，不是发心怜悯，是意存鄙蔑（我想印度是最受一班人误解的民族，虽则同在亚洲：大部分人以为印度人与马路上的红头阿三是一样同样的东西)！就政治看来，说我们比他比较的有自由，这话勉强还可以说。但要论精神的自由，我们只似从前的俄国，是个庞大喑哑在无光的气圈中苟活的怪物，他们(印度)却有心灵活动的成绩，证明他们表面政治的奴溥非但不曾压倒，而且激动了，他们潜伏的天才。在这时期他们连出了一个宗教性质的政治领袖——甘地——一个实行的托尔斯泰；两个大诗人，迦梨陀娑(Kalidasa)与泰戈尔。单是甘地与泰戈尔的名字，就是印度民族不死的铁证。

东方人能以人格与作为，取得普通的崇拜与荣名者，不出在"国富兵强"的日本，不出在政权独立的中国，而出于亡国民族之印度——这不是应发人猛省的事实吗？

泰戈尔在世界文学中，究占如何位置，我们此时还不能定，他的诗是否可算独立的贡献，他的思想是否可以代表印族复兴之潜流，他的哲学(如其他有哲学)是否有独到的境界——这些问题，我们没有回答的能力。但有一事我们敢断言肯定的。就是他不朽的人格。他的诗歌，他的思想，他的一切，都有遭遗忘与失时之可能，但他一生热奋的生涯所养成的人格，却是我们不易磨翳的纪念［泰戈尔生平的经过，我总觉得非是东方的，也许印度原不能算东方（陈寅恪君在海外常常大放厥词，辩印度之为非东方的）］。所以，他这回来华，我个人最大的盼望，不在他更推广他诗艺的影响，不在传说他宗教的哲学的乃至于玄学的思想，而在他可爱的人格，给我们见得到他的青年，一个伟大深入的神感。他一生所走的路，正是我们现代努力于文艺的青年不可免的方向。他一生只是个不断的热烈的努力，向内开豁他天赋的才智，自然吸收应有的营养。他境遇虽则一流顺利，但物质生活的平易，并不反射他精神生活之不艰险。我们知道诗人艺术家的生活，集中在外人捉摸不到的内心境界。历史上也许有大名人一生不受物质的苦难，但决没有不经心灵界的狂风暴雨与沉郁黑暗时期者。歌德是一生不愁衣食的显例，但他在76岁那年对他的友人说他一生不曾有过四星期的幸福，一生只是在烦恼痛苦劳力中。泰戈尔是东方的一个显例，他的伤痕也都在奥秘的灵府中的。

我们所以加倍地欢迎泰戈尔来华，因为他那高超和谐的人格，可以给我们不可计量的慰安，可以开发我们原来瘀塞的心灵泉源，可以指示我们努力的方向与标准，可以纠正现代狂放恣纵的反常行为，可以摩挲我们想见古人的忧心，可以消平我们过渡时期张皇的意气，可以使我们扩大同情与爱心，可以引导我们入完全的梦境。

如其一时期的问题，可以综合成一个，现代的问题，就只是“怎样做一个人”？泰戈尔在与我们所处相仿的境地中，已经很高尚地解决了他个人的问题，所以他是我们的导师榜样。

他是个诗人，尤其是一个男子，一个纯粹的人；他最伟大的作品就是他的人格。这话是极普通的话，我所以要在此重复地说，为的是怕误解，人不怕受人崇拜，但最怕受误解的崇拜。歌德说，最使人难受的是无意识的崇拜。泰戈尔自己也常说及他最初最后只是个诗人——艺术家如其你愿意——他即使有宗教的或哲理的思想，也只是他诗心偶然的流露，决不为哲学家谈哲学，或为宗教而训宗教的。有人喜欢拿他的思想比这个那个西洋的哲学，以为他是表现东方一部的时代精神与西方合流的；或是研究他究竟有几分的耶稣教，几分是印度教——这类的比较学也许在性质偏爱的人觉得有意思，但于泰戈尔之为泰戈尔，是绝对无所发明的。譬如有人见了他在山氏尼开顿（Santiniketan）（现译为桑蒂尼盖登。）学校里所用的晨祷：

Thou art our Father. Do thou help us to Know Thee as Father. We bow down to Thee. Do thou never afflict us, O Father, by causing a separation between Thee and us. O thou self-revealing One, O Thou Parent of the universe, purge away the multitude of our sins, and send unto us whatever is good and noble. To Thee, from whom spring joy and goodness, nay Who art all goodness thyself, to Thee we bow down now and for ever.

耶教人见了这段祷告一定拉本家，说泰戈尔准是皈依基督的，但回头又听见他们的晚祷：

The Deity who is in fire and water, nay, who pervades the Universe through and through, and makes His abode in tiny plants and towering forests-to such a Deity we bow down for ever & ever.

这不是最明显的泛神论吗？这里也许有Lucoetins，也许有Spinoza，也许有Upanishads，但决不是天父云云的一神教，谁都看得出来。回头在《吉檀迦利》的诗里又发现什么Lia既不是耶教的，又不是泛神论。结果把一般专好拿封条拿题签来支配一切的，绝对地糊涂住了，他们一看这事不易办，就说泰戈尔的宗教思想不彻底，等等。实际上唯一的解释是泰戈尔是诗人，不是宗教家。也不是专门的哲学家。管他神是一个或是两个或是无数个或是没有，诗人的标准，只是诗的境界之真；在一般人看来是不相容纳的冲突（因为他们只见字面）他看来只是一体的谐合（因为他能超文字而悟实在）。

同样的在哲理方面，也就有人分别研究，说他的人格论是近于讹的，说他的艺术论是受讹影响的……这也是劳而无功的。自从有了大学教授以来，尤其是美国的教授、学生忙的是：比较学、比较宪法学、比较人种学、比较宗教学、比较教育学，比较这样，比较那样，结果他们竟想把最高粹的思想艺术，也用比较的方法来研究——我看倒不如来一门比较大学教授学还有趣些！

思想之不是糟粕，艺术之不是凡品，就在它们本身有完全、独立、纯粹不可分析的性质。类不同便没有可比较性，拿西洋现成的宗教哲学的派别去比凑一个创造的艺术家，犹之拿唐采芝或王玉峰去比附真纯创造的音乐家，一样的可笑，一样的隔着靴子搔痒。

我们只要能够体会泰戈尔诗化的人格，与领略他满充人格的诗文，已经尽够的了，此外的事自有专门的书呆子去顾管，不劳我们的费心。

我乘便又想起一件事。1913年泰戈尔被选得诺贝尔奖金的电报到印度时，印度人听了立即发疯一般的狂喜，满街上小孩大人一齐欢呼庆祝，但诗人在家里，非但不乐，而且叹道："我从此没有安闲日子过了！"接着下年英政府又封他为爵士，从此，真的他不会有过安闲时日。他的山氏尼开顿竟变了朝拜的中心，他出游欧美时，到处受无上的欢迎，瑞典丹麦几处学生，好像都为他举行火把会与提灯会，在德国听他讲演的往往累万，美国招待他的盛况，恐怕不在英国皇太子之下。但这是诗人所心愿的幸福吗，固然我不敢说诗人便能完全免除虚荣心，但这类群众的哄动，大部分只是歌德所谓无意识的崇拜，真诗人决不会艳羡的，最可厌是西洋一般社交太太们，他们的宗教照例是英雄崇拜；英雄愈新奇，她们愈乐意，泰戈尔那样的道貌岸然，宽袍布帽，当然加倍地搔痒了她们的好奇心，大家要来和这远东的诗圣握握手，亲热亲热，说几句照例的肉麻话……这是近代享盛名的一点小报应，我想，性爱恬淡的泰戈尔先生，临到这种情形，真也是说不出的苦。据他的英友恩厚之告诉我们说他近来愈发厌烦嘈杂了，又且他身体也不十分能耐劳，但他就使不愿意却也很少显示于外。所以，他这次来华，虽则不至受社交太太们之窘，但我们有机会瞻仰他言论丰采的人，应该格外地体谅他，谈论时不过分去劳乏他，他演讲能节省处节省，使他和我们能如家人一般的相与，能如在家乡一般的舒服，那才对得他高年跋涉的一番至意。

7月6日

（原载《小说月报》第14卷第9号，1923年9月）

印度与中国文化之亲属的关系

——为欢迎泰戈尔在师范大学讲演

梁启超

诸君：印度诗哲泰戈尔先生来了，不久便要和我们学界几万青年相见。我今天和明天两次公开讲演，要把我们欢迎他的意思先说说。

讲演之前要先声明几句话。凡伟大人物，方面总是很多的，所谓“七色摩尼，各人有各人看法”。诸君总知道，我是好历史的人，我是对于佛教有信仰的人。俗话说得好："三句离不了本行。"我今天所说，只是历史家或佛学家的个人感想，原不能算是忠实介绍泰戈尔，尤不能代表全国各部分人的欢迎心理，但我想一定有很多人和我同感的。

泰戈尔也曾几次到过欧洲、美国、日本，到处受很盛大的欢迎。这回到中国，恐怕是他全生涯中游历外国的最末一次了。看前天在前门车站下车时景况，我敢说我们欢迎外宾从来没有过这样子热烈而诚恳的。我要问我们是把他当一位偶像来崇拜他不是？不，不。无意识的崇拜偶像是欧美社会最普通现象，我们却还没有这种时髦的习惯。我想，欢迎他的人，一定各有各的意义。各种意义中，也许有一部分和欧美人相同。内中却有一个特殊的意义，是因为他从我们最亲爱的兄弟之邦——印度来。

"兄弟之邦"这句话并不是我对于来宾敷衍门面。这是历史告诉我们的。我们中国在几千年前，不能够像地中海周围各民族享有交通的天惠。我们躲在东亚一隅，和世界各文化民族不相闻问。东南大海，海岛上都是狉狉獉獉的人——对岸的美洲，五百年前也是如此。西北是一帮一帮的犷悍蛮族，只会威吓我们、蹂蹦我们，却不能帮助一点。可怜我们这点小小文化，都是我祖宗在重门深闭中铢积寸累的创造出来。所以我们文化的本质，非常之单调，非常之保守，也是吃了这种环境的大亏。

我们西南方却有一个极伟大的文化民族，是印度。他和我从地位上看,从性格上看，正是孪生的弟兄两个。咱们哥儿俩，在现在许多文化民族没有开始活动以前，已经对于全人类应解决的问题着实研究，已经替全人类做了许多应做的事业。印度尤其走在我们前头。他的确是我们的老哥哥，我们是他的小弟弟。最可恨上帝不作美，把一片无情的大沙漠和两重冷酷的雪山隔断我们往来，令我们几千年不得见面。一直到距今二千年前光景，我们才渐渐地知道有恁么一位好哥哥在世界上头。

印度和中国什么时候开始交通呢？据他们的历史阿育王曾派许多人到东方传佛教。也许其中有一队曾到过中国。我们的传说，秦始皇时已经有十几位印度人到过长安。被始皇下狱处死了（王子年《拾遗记》说的）。始皇和阿育同时，这事也许是真。但这种半神话的故事我们且搁在一边。我们历史家敢保证的是，是基督教纪元第一个世纪，咱们哥儿俩确已开始往来。自从汉永平十年至唐贞元五年——西纪67至789——约七百年间，印度大学者到中国的共24人，加上罽宾（即北印度之Kashmir，今译克什米尔，唐译迦湿弥罗，从前不认为印度之一部分）来的13人，合共37人。此外从葱岭东西的西域各国来者还不计。我们的先辈到印度留学者，从西晋到唐——265至790——共187人，有姓名可考约105人。双方往来人物中最著名者，他们来的有鸠摩罗什，有佛陀跋陀罗（即觉贤），有拘那陀罗（即真谛）；我们去的有法显，有玄奘，有义浮。在那七八百年中间，咱们哥儿俩事实上真成一家人，保持我们极甜蜜的爱情。

诸君呵，我们近年来不是又和许多"所谓文化民族"往来吗？他们为什么来？他们为看上了我们的土地来，他们为看上了我们的钱来。他们拿染着鲜血的炮弹来做见面礼，他们拿机器——夺了他们良民职业的机器——工厂所出的货物来吸我们的膏血。我们哥儿俩从前的往来却不是如此。我们为的是宇宙真理，我们为的是人类应做的事业。我们感觉着有合作的必要，我们中国人尤其感觉有受老哥哥印度人指导的必要。我们彼此都没有一毫自私自利的动机。

当我们往来最亲密的时候，可惜小兄弟年纪幼稚，不曾有多少礼物孝敬哥哥，却是老哥哥给我们那份贵重礼物，真叫我们永世不能忘记。他给我们什么呢？

一、教给我们知道有绝对的自由——脱离一切遗传习惯及时代思潮所束缚的根本心灵自由。不为物质生活奴隶的精神自由。总括一句：不是对他人的压制束缚而得解放的自由，乃是自己解放自己"得大解脱""得大自在""得大无畏"的绝对自由。

二、教给我们知道有绝对的爱——对于一切众生不妒不恚不厌不憎不诤的纯爱，对于愚人或恶人悲悯同情的挚爱，体认出众生和我不可分离"冤亲平等""物我一如"的绝对爱。

这份大礼的结晶体，就是一部《大藏经》。《大藏经》七千卷，一言以蔽之曰："悲智双修。"教我们从智慧上求得绝对的自由，教我们从悲悯上求得绝对的爱。

这份大礼物已经够我们享用了。我们慈爱的老哥哥犹以为未足，还把许多副礼物（文学美术……）送给我们。

我们得着这些副礼物的方法，约有以下几个来源：

一、从西域——即葱岭内外各国间接传来；

二、印度人来中国的随带着来，如各梵僧大率都带有雕刻绘画等物作为贡品；

三、中国人游历印度的归赆。例如《玄奘传》详记他带回来的东西，除梵文经卷外，各种美术品都有；

四、从翻译经典上附带得来的智识和技术。

这些副礼物，屈指数来，屡重要者有12件。

一、音乐　音乐大抵从西域间接传来的居多。中国古乐，我们想来是很好的。但南北朝以后，逐渐散失。在江南或者还存一部分。中原地方，却全受西方传来的新音乐影响。隋唐承北朝之统，混一区宇，故此后音乐全衍北方系统，最盛行的音乐是"甘州""伊州""凉州""梁州"诸调。这些调都是从现在甘肃、新疆等地方输进来。而那时这些地方的文化，全属印度系。后来又有龟兹部乐、天竺部乐等，都是一条线上衍出来。这些音乐，现在除了日本皇室或者留得一部分外，可惜都声沉响绝了。但我们据《唐书·乐志》及唐人诗文集、笔记里头所描写记载，知道那时的音乐确是美妙无伦。所以美妙之故，大约由中国系音乐和印度系音乐结婚产出来的。

二、建筑　中国建筑受印度影响是显而易见的事。《洛阳伽蓝记》里头的遗迹我们虽不得见，永平寺、同泰寺、慈恩寺……诸名区的庄严美丽我们虽仅能在前人诗歌上或记录上唏嘘凭吊，但其他胜迹留传至今的还不少。就中窣堵坡（塔）一项尤为我们从前所无。自从这项建筑输入之后，增饰我们风景的美观真不少。你看西湖上的“雷峰”“保俶”两塔，增他多少妩媚！汴梁城上若没有“铁塔”和“繁台”还有什么意趣！北京城最古的建筑物，不是彰仪门外隋开皇间——六世纪末的“天宁寺塔”吗？北海的琼华岛，岛上“白塔”和岛下长廊相映，正表示中印两系建筑调和之美。我想，这些地方随处可以窥见中印文化联锁的秘密来。

三、绘画　中国最古的画，我们看不见了。从石刻上——嘉祥县之武梁祠堂等留下几十张汉画，大概可想见那时素朴的画风。历史上最有名的画家，首推陆探微、顾虎头。他们却都以画佛像得名。又如慧远在庐山的佛影画壁，我猜是中国最初的油画。但这些名迹都已失传，且不论他。至如唐代的王维、吴道子所画佛像，人间许尚有存留。依我看来，从东晋至唐，中印人士往来不绝，印度绘画流入中国很多。我们画风，实生莫大影响。或者可以说，我们画的艺术在那个时代才确立基础。这种画风一直到北宋的“画苑”依然存在，成为我国画史上的正统派。啊！啊！真是中印结婚产生的“宁馨儿”。

四、雕刻　中国从前雕刻品，像只有平面的。立体雕刻，我猜度是随着佛教输入。晋朝有位名士戴安道（王羲之的儿子王徽之剡溪雪夜访戴的故事访的便是他），后人都知道他会作诗画画。我们从《高僧传》上才知道他和他的兄弟都是大雕刻家。他们哥儿俩曾合雕一佛像，雕时还留下许多美谈。此后六朝隋唐间所刻有名工妙的佛像见于历史者不计其数，可惜中间经过“三武毁法”（北魏太武帝、北周武帝、唐武宗）的厄运和历代的兵燹，百不存一，但毁不掉的尚有洛阳龙门山壁上三四千尊的魏齐造像。我们现在除亲往游览外，还可以随处看见拓片，其尤为世界镶宝的，莫如大同府云冈石窟中大大小小几百尊石像。据说是“犍陀罗美术”（犍陀罗为今阿富汗地，它的美术是印度和希腊所产）的结晶作品，全世界找不出第二处。就只这票宝贝，也足令我们中华民族在人类文化史上留下历劫不磨的荣誉。但倘非多谢老哥哥提拔，何能得此。还有一种艺术要附带说说：我们的缂丝画，全世界都公认它的价值，但我敢说也是从印度学来的。玄奘归贶的清单便列有这种珍贵作品。

五、戏曲　中国最古的戏曲，所谓“鱼龙曼衍之戏”大概是变戏法的玩意儿。歌和舞自然是各有很古的历史，但歌舞并行的戏剧，魏晋以前却无可考见。最初的歌舞剧当推“拨头”一曲，亦名“钵头”。据近人考证，像是从那离代京（大同）三万一千里南天竺附近的拔豆国传来，那戏是演一个人，他的老子被虎吃掉，他入山杀虎报仇。演时且舞且歌，声情激越。后来著名的“兰陵王”、“踏摇娘”等等戏本，都是从“拨头”变化出来。这种考证若不错，那么印度又是我们戏剧界恩人了。

六、诗歌和小说　说中国诗歌和印度有关系。这句话很骇人听闻——连我也未敢自信为定论。但我总感觉，东晋时候所译出印度大诗人马鸣菩萨的《佛本行赞》和《大乘庄严经》这两部名著，在我文学界像有相当的影响。我们古诗，后三百篇到汉魏的五言，大率情感主于温柔敦厚，而资料都是现实的，像《孔雀东南飞》和《木兰诗》一类的作品，都起自六朝，前此却无有（《孔雀东南飞》向来都认为汉诗，但我疑心是六朝的。我别有考证。）《佛本行赞》现在译成四本。原来只是一首诗，把佛一生事迹添上许多诗的趣味，谱为长歌。在印度佛教史上力量之伟大固不待言，译成华文以后也是风靡一时，六朝名士几于人人共读。那种热烈的情感和丰富的想象力，输入我们诗人的心灵中当不少，只怕《孔雀东南飞》一路的长篇叙事抒情诗也间接受着影响罢。（但此说别无其他证据，我未敢自信。我要再三声明。）小说受《大乘庄严经》影响，我十有九相信。《庄严经》是把《四阿含》里头所记佛弟子的故事加上文学的风趣搬演出来，全书用几十段故事组成，体裁绝类我们的《今古奇观》。我国小说，从晋人《搜神记》等类作品，渐渐发展到唐代丛书所收之唐人小说，依我看，大半从《庄严经》的模子里熔铸出来。这还是就初期的小说而言，若宋元以后章回体的长篇小说，依我看，受《华严经》《宝积经》等影响一定不少，这些经典都是佛灭后六七百年间由印度文学家的想象力构造，这是治佛学史的人公认的。然而，这些经典，中国文学家大半爱读它，又是事实。

中国文学本来因时代变迁自由发展，所受外来影响或比较的仅少，但既有这类新文学优美作品输入，不管当时诗家或小说家曾否有意模仿它，然而间接受它熏染，我想总不能免的。

七、天文历法　这门学问，中国原来发达很早，但既和印度交通后，当然得他补助。唐朝的《九执术》便纯从印度传来。僧一行的历学，在我们历学史上是有位置的。

八、医学　这亦是我们故有的。和印度交通后，亦有补助增益。观《隋书·经籍志》《唐书·艺文志》所载婆罗门医药书之多可知。

九、字母　中国文字是衍形的，不能有跟着言语变化的弹力性。这是我们最感不便的一件大事。自从佛教输入，梵文也跟着来。于是，许多高僧想仿造字母来救济这个问题。神珙、守温等辈先后尝试，现存“见溪群疑”等三十六字母。虽然形式拙劣，发音漏略，不能产出什么良果，但总算把这问题提出，给我们以极有益的动机和资料。

十、著述体裁　中国从前书籍，除文学作品及注释古典的训诂书不计外，虽然称“体大思精”的经书子书大都是囫囵统括的体裁，没有什么组织，不容易理清眉目，看出他的条理。自从佛典输入之后，每一部经论都有他首尾一贯、盛水不漏的主义。里头却条分缕析，秩序谨严。这种体裁，求诸中国汉魏以前是没有的。(《荀子》和《论衡》算是最谨严的，但还比不上。)这种译书既盛行，于是发生"科判"的专门学——把全部书脉络理清，令人从极复杂的学说中看出他要点所在。乃至如天台、贤首诸师将几千卷藏经判为"三时五教"之类，是都用分析综合的观察，开一研究新途径。不但此也，当六七世纪时，印度的新因明学正从佛教徒手里发挥光大起来。研究佛学的人，都要靠它做主要工具。我们的玄奘大师正是最深造此学之人，他自己和他门下的人的著述，一立一破(立是自己提出主张，破是反驳别人)，都严守因明轨范，应用得极圆滑而致密。这种学风虽后来因禅宗盛行，一时消歇，然而已经在学界上播下良种，历久总会发新芽的。

十一、教育方法　中国教育不能不说发达得很早，但教育方法怎么样，共有若干种，我们不容易调查清楚。即如聚许多人在一堂讲演，孔子孟子书中像没有看见这种痕迹，汉朝伏生、申公诸大师也不见得是如此。我很疑心这种讲演式的教育是佛教输入后从印度人学来，不唯如此，即在一个固定的校舍中，聚起许多人专研究一门学术，立一定课程。中国前此虽或有之，但像是从佛教团成立以后，这种制度越发完密而巩固。老实说，唐以后的书院，实从佛教团的教育机关脱胎而来，这种机关和方法善良与否另一问题，但在中国教育史上不能不特笔重记。

十二、团体组织　中国团体组织纯以家族为单位，别的团体，都是由家族扩大或加减而成。佛教输入，才于家族以外别有宗教或学术的团体发生。当其盛时，势力很大，政治上权威一点也不能干涉到它。即以今日论，试到普陀山一游，便可见我们国里头许多享有“治外法权”的地方。不必租界，他们里头有点像共产的组织，又有点像“生产事业国有”的组织。这种组织对不对另一问题，但不能不说是在中国全社会单调组织中添些新颖的色彩。

以上十二项都是佛教传来的副产物，也是老哥哥——印度人赠给我们的随帖隆仪。好在我们当小弟弟的也很争气，受了哥哥提携便力求长进。我们从印度得来的学问完全消化了来荣卫自己，把自己特性充分发展出来，文学美术等方面，自己建设的成绩固不用说，即专就“纯印度系的哲学”——即佛教论，天台宗、贤首宗、禅宗、净土宗，这几个大宗派都是我们自创，乃至法相宗虽全出印度，然而成唯识论乃由玄奘集合十大论师学说抉择而成，实是玄奘一家之学。其门下窥基、圆测两大派各各发挥尽致、剖析入微，恐怕无著世亲一派学问，到中国才算真成熟哩。所以我们对着老哥哥，自问尚可以无惭色。

哎，自唐末到今日，咱们哥儿俩又一别千年了。这一千多年里头，咱们两家里都碰着千灾百难，山上的豺狐虎豹、水里的龙蛇蚌鳖、人间的魑魅魍魉不断地恐吓咱们、揶揄咱们、践踏咱们。咱们也像有点老态龙钟、英气消减，不独别人瞧不起咱们，连咱们自己也有点瞧不起自己了。虽然我深信“业力不灭”的真理——凡已经种在人心上的灵苗，虽一期间偶尔衰萎，终究要发新芽，别开一番更美丽的境界。不信，你看曲阜孔林里的汉楷唐柏皱瘦到像一根积锈的铁柱，却是阳春三月，从它那秃顶上发出几节“孙枝”，比“鹅黄柳条”的生机还充盛。咱们哥兄俩年纪虽老，“犹有童心”。不信，你看哥哥家里头现成的两位现代人物——泰戈尔和甘地。

哈哈，一千多年“爱而不见”的老哥哥又来访问小弟弟来了。咱们哥儿俩都是饱经忧患、鬓发苍然，揩眼相看，如梦如寐。我们看见老哥哥，蓦地把多少年前联床夜雨的苦辛兜上心来。啊，啊！我们要紧紧握着他的手不肯放，我们要搂着他亲了又亲，亲了又亲……我们要把从娘胎里带来的一副热泪浸透了他托腮上那可爱的大白胡子。

我们用一千多年前洛阳人士欢迎摄摩腾的情绪来欢迎泰戈尔哥哥，用长安人士欢迎鸠摩罗什的情绪来欢迎泰戈尔哥哥，用庐山人士欢迎真谛的情绪来欢迎泰戈尔哥哥。

泰戈尔对我们说，他并不是什么宗教家、教育家、哲学家……他只是一个诗人。这话是我们绝对承认的，他又说，他万不敢比千年前来过的印度人，因为那时是印度全盛时代，能产出许多伟大人物。现在是过渡时代，不会产出很伟大人物。这话我们也相对地承认。但我们以为，凡成就一位大诗人，不但在乎有优美的技术，而尤在乎有崇高的理想。泰戈尔这个人和泰戈尔的诗都是"绝对自由"与"绝对爱"的权化。我们不能知道印度从前的诗人如何，不敢妄下比较。但我想泰戈尔最少也可比二千年前作《佛本行赞》的马鸣菩萨。我盼望他这回访问中国所发生的好影响，不在鸠摩罗什和真谛之下。

泰戈尔又说，他这回不能有什么礼物送给我们，只是代表印度人向我们中国致十二分的亲爱。我说就只这一点已经比什么礼物都隆重了。我们打开胸臆欢喜承受老哥哥的亲爱，我们还有加倍的亲爱奉献老哥哥，请他带回家去。

我最后还有几句话很郑重的告诉青年诸君们，老哥哥这回是先施地访问我们了。记得从前哥哥家里来过37个人，我们却也有187个人。往哥哥家里去。我盼望咱们两家久断复续的爱情并不是泰戈尔一两个月游历昙花一现便了。咱们老弟兄对于全人类的责任大着哩！咱们应该合作互助的日子长着呢！泰戈尔这次来游，不过替我们起一个头。倘若因此能认真恢复中印从前的甜蜜交谊和有价值的共同工作。那么，泰戈尔此游才真有意义啊。那么，我们欢迎泰戈尔才真有意义啊。

（原载《饮冰室文集》之四十一）

泰戈尔的中国名——竺震旦

梁启超

泰戈尔很爱徐志摩，给他起一个印度名叫作Soo sim。泰氏有一天见我，说道：“我不晓得什么缘故，到中国便像回故乡一样。”

莫非他是从前印度到过中国的高僧，在某山某洞中曾经过他的自由生活。他要求我送给他一个中国名字，还说他原名上一个字“Rab”是太阳的意思，下一个字“Indra”是雷雨的意思。要我替他想“名字相复”的两个字。我当时不过信口答应罢了。过两天他又催我，还说希望在他生日那天得着这可爱的新名。我想，印度人从前呼中国为“震旦”，原不过是“支那”的译音。但选用这两个字却含有很深的象征意味。从阴曀雰霁的状态中砉然一震，万象昭苏，刚在扶桑浴过的丽日从地平线上涌现出来（旦字末笔表地平），这是何等境界。泰戈尔原名正含这两种意义，把他意译成“震旦”两字，再好没有了。又从前自汉至晋的西来古德都有中国名。大率以所来之国为姓，如安世高从安息来便姓安；支娄迦识从月支来便姓支。其间从天竺——即印度来的便姓竺，如竺法兰、竺佛念、竺法护都是历史上有功于文化的人。今日我们所敬爱的天竺诗圣在他所爱的震旦地方过他64

岁的生日，我用极诚挚极喜悦的情绪将两个国名联起来，赠给他一个新名，曰“竺震旦”。我希望我们对于他的热爱跟着这名儿永远嵌在他心灵上，我希望印度人和中国的旧爱，借竺震旦这个人复活转来。

（原载《饮冰室文集》之四十一）

泰戈尔

徐志摩

我有几句话想趁这个机会对诸君讲，不知道你们有没有耐心听。泰戈尔先生快走了，在几天内他就离别北京，在一两个星期内他就告辞中国。他这一去大约是不会再来的了。也许他永远不能再到中国。

他是六七十岁的老人，他非但身体不强健，他并且是有病的。去年秋天他还发了一次很重的骨痛热病。所以他要到中国来，不但他的家属，他的亲戚朋友，他的医生，都不愿意他冒险，就是他欧洲的朋友，比如法国的罗曼·罗兰，也都有信去劝阻他。他自己也曾经踌躇了好久，他心里常常盘算他如其到中国来，他究竟能不能够给我们好处，他想中国人自有他们的诗人、思想家、教育家，他们有他们的智慧、天才、心智的财富与营养；他们更用不着外来的补助与戟刺，我只是一个诗人，我没有宗教家的福音，没有哲学家的理论，更没有科学家实利的效用，或是工程师建设的才能，他们要我去做什么，我自己又为什么要去，我有什么礼物带去满足他们的盼望！他真的很觉得迟疑，所以他延迟了他的行期。但是他也对我们说到冬天完了，春风吹动的时候（印度的春风比我们的吹得早），他不由得感觉了一种内迫的冲动，他面对着逐渐滋长的青草与鲜花，不由得抛弃了、忘却了他应尽的职务，不由得解放了他的歌唱的本能，和着新来的鸣雀，在柔软的南风中开怀地讴吟，同时他收到我们催请的信，我们青年盼望他的诚意与热心，唤起了老人的勇气。他立即定夺了他东来的决心。他说趁我暮年的肢体不曾僵透，趁我衰老的心灵还能感受，决不可错过这最后唯一的机会，这博大、从容、礼让的民族，我幼年时便发心朝拜，与其将来在黄昏寂静的境界中萎衰地惆怅，何如利用这夕阳未暝时的光芒，了却我晋香人的心愿？

他所以决意的东来，他不顾亲友的劝阻，医生的警告，不顾他自己的高年与病体，他也撇开了在本国迫切的任务，跋涉了万里的海程，他来到了中国。

自从四月十二在上海登岸以来，可怜老人不曾有过一半天完整的休息，旅行的劳顿不必说，单就公开的演讲以及较小集会时的谈话，至少也有了三四十次！他的，我们知道，不是教授们的讲义，不是教士们的讲道，他的心府不是堆积货品的栈房，他的辞令不是教科书的喇叭。他是灵活的泉水，一颗颗颤动的圆珠从池心里兢兢地泛登水面，都是生命的精液；他是瀑布的吼声，在白云间，青林中，石罅里，不住地啸响；他是百灵的歌声，他的欢欣、愤慨，响亮的谐音，弥漫在无际的晴空。但是他是倦了，终夜的狂歌已经耗尽了子规的精力，东方的曙色亦照出她点点的心血染红了蔷薇枝上的白露。

老人是疲乏了。这几天他睡眠也不得安宁。他已经透支了他有限的精力。他差不多是靠散拿吐瑾过日的，他不由的不感觉风尘的厌倦，他时常想念他少年时在恒河边沿拍浮的清福，他想望椰树的清荫与曼果的甜瓤。

但他还不仅是身体的惫劳，他也感觉心境的不舒畅，这是很不幸的。我们做主人的只是深深地负歉。他这次来华，不为游历，不为政治，更不为私人的利益，他熬着高年，冒着病体，抛弃自身的事业，备尝行旅的辛苦，他究竟为的是什么？他为的只是一点看不见的情感。说远一点，他的使命是在修补中国与印度两民族间中断千余年的桥梁，说近一点，他只想感召我们青年真挚的同情。因为他是信仰生命的，他是尊崇青年的，他是歌颂青春与清晨的，他永远指点着前途的光明。悲悯是当初释迦牟尼证果的动机，悲悯也是泰戈尔先生不辞艰苦的动机。现代的文明只是骇人的浪费，贪淫与残暴，自私与自大，相猜与相忌，飓风似的倾覆了人道的平衡，产生了巨大的毁灭，芜秽的心田里只是误解的蔓草，毒害同情的种子，更没有收成的希冀。在这个荒惨的境地里，难得有少数的丈夫，不怕阻难，不自馁怯，肩上扛着铲除误解的大锄，口袋里满装着新鲜人道的种子，不问天时是阴是雨是晴，不问是早晨是黄昏是黑夜，他只是努力地工作，清理一方泥上，施殖一方生命，同时口唱着嘹亮的新歌，鼓舞在黑暗中将次透露的萌芽，泰戈尔先生就是这少数中的一个。他是来广布同情的，他是来消除成见的。我们亲眼见过他慈祥的阳春似的表情，亲耳听过他从心灵底里迸裂出的大声，我想只要我们的良心不曾受恶毒的烟煤熏黑，或是被恶浊的偏见污抹，谁不曾感觉他赤诚的力量，魔术似的，为我们生命的前途开辟了一个神奇的境界，燃点了理想的光明？所以我们也懂得他的深刻的懊怅与失望，如其他知道部分的青年不但不能容纳他的灵感，并且成心地诬毁他的热忱。我们固然奖励思想的独立，但我们决不敢附和误解的自由。他生平最满意的成绩就在他永远能得青年的同情，不论在德国，在丹麦，在美国，在日本，青年永远是他最忠心的朋友。他也曾经遭受种种的误解与攻击，政府的猜疑与报纸的诬毁与守旧派的讥评，不论如何的谬妄与剧烈，从不曾扰动他优容的大量，他的希望，他的信仰，他的爱心，他的至诚，完全的托付青年。“我的须，我的发是白的，但我的心却永远是青的”，他常常地对我们说，只要青年是我的知己，我理想的将来就有着落，我乐观的明灯永远不致暗淡。他不能相信纯洁的青年也会坠落在怀疑、猜忌、卑琐的泥溷。他更不能信中国遭受意外的待遇。他很不自在，他很感觉异样的怆心。

因此，精神的懊丧更加重他躯体的倦劳。他差不多是病了。我们当然很焦急地期望他的健康，但他再没有心境继续他的讲演。我们恐怕今天就是他在北京公开讲演最后的一个机会。他有休养的必要。我们也决不忍再使他耗费他有限的精力。他不久又有长途的跋涉，他不能不有三四天完全的养息，所以从今天起，所有已经约定的会集，公开与私人的，一概撤销，他今天就出城去静养。

我们关切他的一定可以原谅，就是一小部分不愿意他来作客的诸君也可以自喜战略的成功。他是病了，他在北京不再开口了，他快走了，他从此不再来了。但是同学们，我们也得平心地想想，老人到底有什么罪，他有什么负心，他有什么不可容赦的犯案？公道是死了吗，为什么听不见你的声音？

他们说他是守旧，说他是顽固。我们能相信吗？他们说他是“太迟”，说他是“不合时宜”，我们能相信吗？他自己是不能信，真的不能信。他说这一定是滑稽家的反调。他一生所遭逢的批评只是太新，太早，太急进，太激烈，太革命的，太理想的，他六十年的生涯只是不断的奋斗与冲锋，他现在还只是冲锋与奋斗。但是他们说他是守旧，大迟，太老。他顽固奋斗的对象只是暴烈主义，资本主义，帝国主义，武力主义，杀灭性灵的物质主义；他主张的只是创造的生活，心灵的自由，国际的和平，教育的改造，普爱的实现。但他们说他是帝国政策的间谍，资本主义的助力，亡国奴族的流民，提倡裹脚的狂人！肮脏是在我们的政策与暴徒的心里，与我们的诗人又有什么关连？昏乱是在我们冒名的学者与文人的脑里，与我们的诗人又有什么亲属？我们何妨说太阳是黑的，我们何妨说苍蝇是真理？同学们，听信我的话，像他的这样伟大的声音我们也许一辈子再不会听着的了。留神目前的机会，预防将来的惆怅！他的人格我们只能到历史上去搜寻比拟。他的博大的温柔的灵魂我敢说永远是人类记忆里的一次灵迹。他的无边际的想象与辽阔的同情使我们想起惠特曼；他的博爱的福音与宣传的热心使我们记起托尔斯泰；他的坚韧的意志与艺术的天才使我们想起造摩西像的米开朗琪罗；他的诙谐与智慧使我们想象当年的苏格拉底与老聃；他的人格的和谐与优美使我们想念暮年的歌德；他的慈祥的纯爱的抚摩，他的为人道不厌的努力，他的磅礴的大声，有时竟使我们唤起救主的心像；他的光彩、他的音乐、他的雄伟，使我们想念奥林匹克山顶的大神。他是不可侵凌的，不可逾越的，他是自然界的一个神秘的现象。他是三春和暖的南风，惊醒树枝上的新芽，增添处女颊上的红晕。他是普照的阳光。他是一派浩瀚的大水，来从不可追寻的渊源，在大地的怀抱中终古地流着，不息地流着，我们只是两岸的居民，凭借这慈恩的天赋，灌溉我们的田稻，苏解我们的消渴，洗净我们的污垢。他是喜马拉雅积雪的山峰一般的崇高、一般的纯洁、一般的壮丽，一般的高傲，只有无限的青天枕藉他银白的头颅。

人格是一个不可错误的实在，荒歉是一件大事，但我们是饿惯了的，只认鸠形与鹄面是人生本来的面目，永远忘却了真健康的颜色与彩泽。标准的低降是一种可耻的堕落，我们只是踞坐在井底的青蛙。但我们更没有怀疑的余地。我们也许揣详东方的初白，却不能非议中天的太阳。我们也许见惯了阴霾的天时，不耐这热烈的光焰，消散天空的云雾，暴露地面的荒芜，但同时在我们心灵的深处，我们岂不也感觉一个新鲜的影响，催促我们生命的跳动，唤醒潜在的想望，仿佛是武士望见了前峰烽烟的信号，更不踌躇的奋勇前向？只有接近了这样超轶的纯粹的丈夫，这样不可错误的实在，我们方始相形的自愧我们的口不够阔大，我们的嗓音不够响亮，我们的呼吸不够深长，我们的信仰不够坚定，我们的理想不够莹澈，我们的自由不够磅礴，我们的语言不够明白，我们的情感不够热烈，我们的努力不够勇猛，我们的资本不够充实……

我自信我不是恣滥不切事理的崇拜，我如其曾经应用浓烈的文字，这是因为我不能自制我浓烈的感想。但我最急切要声明的是，我们的诗人，虽则常常招受神秘的徽号，在事实上却是最清明，最有趣，最诙谐，最不神秘的生灵。他是最通达人情，最近人情的。我盼望有机会追写他日常的生活与谈话。如其我是犯嫌疑的，如其我也是性近神秘的（有好多朋友这么说），你们还有适之先生的见证，他也说他是最可爱最可亲的个人；我们可以相信适之先生绝对没有“性近神秘”的嫌疑！所以无论他怎样的伟大与深厚，我们的诗人还只是有骨有血的人，不是野人，也不是天神。唯其是人，尤其是最富情感的人，所以他到处要求人道的温暖与安慰，他尤其要我们中国青年的同情与情爱。他已经为我们尽了责任，我们不应，更不忍辜负他的期望。同学们，爱你的爱，崇拜你的崇拜，是人情不是罪孽，是勇敢不是懦怯。

十二日在真光讲

（原载《晨报副刊》，1924年5月19日）

泰戈尔与中国人

辜鸿铭

我们远东各民族经常对西方民族提出批评，或者可能提出批评。这些批评不论有如何充分的理由，肯定我们也不能指责他们中的大部分人——在涉及人的功绩时——在各民族之间不加区别。所以我们特别指出，不久前向印度诗人罗宾德拉纳特·泰戈尔博士颁发了诺贝尔奖金。这使我们联想起孔子的一句话："有教无类。"这就是说，一个真正有教养的文明的人，不论他是哪个国家的人，在我们的文明国度里，到处都会得到承认，都会得到同样看待。

这位印度著名诗人如今虽已年迈——他已60岁——仍不辞辛劳，跋涉远游。这位哲人离开印度的高山，来到中国的平原，给我们中国人带来美好的话语，带来佳音。虽然各民族都有一条明智的格言：谢领赠物，未可臧否，虽然我贸然对中国的尊贵客人提出批评似有不敬，不过，这对于只是力求了解并指出所说的佳音的底蕴，或许情有可原。

首先，我承认，我只读过泰戈尔博士的两本著作。其中一本是在他访问日本之后写的。我在这本书里发现，这位印度诗人的英文文笔确实丰富多彩，才情横溢，令人赞叹。但是，我一方面欣赏这部作品，同时也为作者过分使用形象化语言感到惊异。写作时使用隐喻也要当心。孔子便不赞成使用隐喻，并且主张语言最宜明白易懂。伟大的诗篇，如果不是朴实无华，也会失之偏倚——古代的荷马便是例证。爱默生在谈到浪漫主义诗人时，历言:“英国人已经忘记这条真理,写诗是为了表达思想的规律,任何润色渲染和想象驰骋都不能使人忘记和代替这一点。”我们中国人是这样表达这种看法的:“文以载道。”

总之,我觉得这位伟大诗人的文笔虽然流畅,但过于华丽多彩,也就是说东方色彩太重了。

泰戈尔的第二本书我刚刚读过,书名叫《创造性的一个》。这个别致的标题实在令中国人困惑不解。它是什么意思呢?据我个人的理解,它毫无意义。浏览全书,有时遇到某些片断,我竟然不知所云,因为这些段落与标题属于同一风格。这是高深的形而上学,也就是说是儒家学者、真正的中国人所不能理解的。譬如,请听听这一段文字:“这个一在我心中知道多的世界。但是,不论它在哪里知道,它都知道一的各个方面。它知道这间房子是房子中之一,尽管房子的许多实际的矛盾都包含在房子单一的实际之中。它对一棵树的认识,是对表现在一棵树的外表上一个个体的认识。”这位印度诗人和哲学家最后说:“这个一是创造性的。”我实在不懂。这几个响亮的字眼究竟是什么意思呢?我在爱丁堡大学读书时,有一位讲授形而上学的教授,

泰尔戈与印度国际大学中国学院院长谭云山等合影

同学们给他取个外号“信口开河”。他反复地给我们讲笛卡尔的那句名言：我思故我在，而且滔滔不绝地大讲不存在、先存在、后存在、已存在的个体等等，等等……许多大学生把这叫做“脱离现实的”演说。

乔治·艾略特曾在什么地方写道：“如果有个人对你谈起加、减、乘、除，那么你就可以知道这是好还是坏。但是，如果有人和你谈什么无限大，那么这次你就无法知道，人家和你说的，究竟是有道理还是胡说八道。”

我只不过是个文学爱好者，竟然批评一位像泰戈尔先生这样的著名诗人，何况他曾获得诺贝尔奖金，似乎有些自以为是了。

而且我抱怨的只是他给我们中国人带来的音信。

所以，我看到泰戈尔博士断言，西方文明丑恶、残酷，中国人应该在受到西方文明影响之前就摒弃它，中国人要想重新体验西方文明，就应该树立他所谓的东方文明。

他的话是什么意思呢？

说起东方文明，那就意味着神秘和蒙昧的思想，它与其灿烂光辉是同时存在的。印度文明正是如此，波斯文明也正是如此。

在中国文明里，既没有神秘，也没有蒙昧可言。在从印度来到中国的罗斯·迪金逊教授就曾强调指出：“当我第一次在中国靠岸，并看到蒙古人面型的中国人时，我觉得压在我头上的沉重的盖子被掀起了。印度是非常优美的，但也是可怕的。中国呢，中国是有人情味的。”

如果想要看清中国文明和东方文明之间的根本区别，在北京这里就要参观一下孔庙，然后再看看相隔不远的喇嘛庙。

孔庙外形宏伟，具有古典的朴素特点，这是中国的形象，真正的中国的形象。

喇嘛庙具有蒙昧和神秘的特点，加上那里有许多偶像，有的丑陋不堪，色情下流，这是印度的形象。

实际上，中国文明与东方文明的差别，大大超过东方文明与现代西方文明的差别。罗斯·迪金逊教授所说的正好说明我的看法是正确的，他写道：“中国人正是许久以来欧洲民主主义者希望西方人能成为的那种人。”

我曾经指出：东方文明和西方文明之间的冲突，并不是中国和现代欧洲之间的冲突，而是中国和中世纪的欧洲之间的冲突。

世界大战、社会斗争、现时的种种苦难，就是中世纪的西方与现代的西方之间斗争的表现。什么时候欧洲能摆脱目前仍存在的中世纪的影响，它就能了解什么是真正的民主，什么是中国的民主。

可能有人反驳我说，中国文明是停滞不前、死气沉沉的文明。从某种意义上说，这是对的。那么其原因何在呢？

这恰恰因为在旧大陆的废墟上创立起基督教时，佛教传入了中国，它几乎摧毁了真正的古老中国文明，在唐朝承认佛教后，它又促成产生宋代的严格制度，由此出现我国文化停滞的现状！

令人感到惊奇的是，泰戈尔先生来到我国，试图使极具东方色彩的印度文明复兴，而这正是我国种种灾难和停滞的原因。人们不应忘记，我们的文明是理性主义与科学相结合的产物，而印度文明则与一切理性主义和一切科学存在着根深蒂固的深刻对立。我们中国人如果真的想要觉醒，然后励精图治，我们就必须与这位诗人，与他的文明截然相反，并且拒绝他带来的音信。

因为这位印度诗人给我们带来的只是谬误和混乱。让我们仍然坚信孔子的学说——坚信恢复青春和适应新情况的孔子的学说——坚信伟大的哲人孔子，他不像泰戈尔博士那样腾云驾雾，谬误百出。

泰戈尔博士肯定是一位天才之士。他是世界性的诗人。他获得过诺贝尔奖金。让他去当诗人吧！让他去歌唱吧！不过让他不要来给我们讲授什么文明课。诗人们，你们去写诗吧；让哲学家、社会学家们去做属于他们的事吧！

（原载法国《辩论报》，1924年7月24日）

忆泰戈尔

梅兰芳

正当中国文艺界和印度人民热烈纪念印度诗人泰戈尔（Rabindranath Tagore）诞生100周年的时候，我不禁想起37年前泰戈尔先生访问中国时，和他接触的一些情景。

泰翁到北京的前夕，在济南对教育界的朋友讲了话。中国作家王统照为他翻译，并作了介绍说："泰戈尔先生的演讲，不同于一般的政治家、教育家、演说家，譬如一种美丽的歌唱，又如一种悠扬的音乐，请诸君静听，方知其妙处。"

泰戈尔以洪亮清越的声音，热情洋溢地说：

我受到你们的热烈欢迎，大家所以欢迎我，大概因为我代表印度人……

今天我用的语言，既非印语，又非华语，乃是英语，这言语上的隔阂，最为痛心。而诸君犹不避风沙很热心地来听我说话，由此可证，我们之间有一种不自觉的了解，譬如天上的月亮，它照在水上、地上、树上，虽默无一语，而水也、地也、树也，与月亮有相互的自然了解和同情。

我在杭州，有朋友送我一颗图章，上刻"泰戈尔"三个字，我对此事很有感动。印度小孩降生后，有两件事最要紧，第一要给他起个名字，第二要给他少许的饭吃，然后这个小孩就和社会发生了不可磨灭的关系。我这颗图章上刻着中国名字，头一个便是泰山的"泰"字。我觉得此后仿佛

就有权利可以到中国人的心里去了解他的生命，因为我的生命是非与中国人的生命拼作一起不可了……

泰翁的真挚而亲切的语言，感动了全场的听众。

在北京城里许多次集会中，使我最难忘的是1924年5月8日那一天。泰翁早就选择了北京来度过他的64岁的寿诞，而我们也早就准备为他祝寿，排演了他写的名剧《齐德拉》。

是日也，东单三条协和礼堂贺客盈门。祝寿仪式开始，泰翁雅步入席，坐在第三排的中间，我坐在他身边，有机会细细端详他的丰采。他头戴绛红呢帽，身穿蓝色丝长袍，深目隆准，须发皓然，蔼然可亲。

梁启超先生首先登台致祝词，接着，泰戈尔被簇拥着走上台，对中国朋友致谢词，大意说，今天是他最高兴的日子，因为他有了象征中印民族团结友好的名字，他将不倦地从事中印文化的沟通，并诚恳地邀请中国学术界的朋友到印度，在他举办的国际大学讲学。

接着，中国文艺界的朋友用英语演出了泰翁的名作话剧《齐德拉》，林徽因女士扮演女主角齐德拉，泰翁捻须微笑。他对我说："我希望在离开北京之前，看到你的戏。"我说："因为您的演讲日程已经排定，我定于5月19日请您看我新排的神话剧《洛神》，这个戏是根据我国古代诗人曹子建所作《洛神赋》改编的，希望得到您的指教。"

以后，泰翁与他的同伴，国际大学艺术学院院长、名画家难达婆薮（Nandalal Bose），和印度其他一些著名学者在北京轮流作了各种专题演讲，受到学术界的欢迎。

有一次，我听泰翁演讲，题目是《巨人的统治——扑灭巨人》，当他说到亚洲人受西方人的压迫掠夺已非一朝一夕时，下面有几句话是极其振奋人心的。他说："……吾人往者如未破壳之雏鸡，虽在壳中亦有隐约光明，但限度极小，世人疑我等终不能脱壳，但吾人自信必能破壳而出，达到真理最深处。"

5月19日，我在开明戏院（现在的民主剧场）演出《洛神》，招待泰翁观剧。我从台上看出去，只见诗人端坐包厢正中，戴绛色帽，着红色长袍（按此为国际大学的礼服），银须白发，望之如神仙中人。还有几位印度学者也都坐在一起，聚精会神地看完了这出戏。泰翁亲自到后台向我道谢说：“我看了这个戏很愉快，有些感想，明日面谈。”

泰翁定29日夜车赴太原。那天中午，我和梁启超、姚茫父等为泰翁饯行。泰翁来时，是穿中国的黑绒鞋，我问他习惯否，他说：“中国的鞋子柔软轻松，使双足不受箍勒压迫，是世界上最舒服的鞋子。”他还告诉我：“前几天到汤山小住，温暖的泉水涤净了我身上的尘垢，在晨光熹微中，看到艳丽的朝霞，蔚蓝的天，默默地望着地上的绿草，晓风轻轻摇撼着刚从黑夜里苏醒过来的溪边古柳，景色是使人留恋的。”停了一会，诗人若有所思地说：“那天在郊外闲游，看见农民蹲在田垄边，口含旱烟管，眼睛望着天边远处，颇有诗意。”

席间泰翁谈到《洛神》，他对我的表演作了鼓励，唯对《川上之会》一场的仙岛布景有意见。他说：“这个美丽的神话诗剧，应从各方面来体现伟大诗人的想象力，而现在所用的布景是一般而平凡的。”他向我建议：“色彩宜用红、绿、黄、黑、紫等重色，应创造出人间不经见的奇峰、怪石、瑶草、琪花，并勾勒金银线框来烘托神话气氛。”以后我曾根据泰翁的意见，请人重新设计《洛神》的布景，在不断改进中有很大的提高，但还没有达到最理想的程度。

泰翁认为，美术是文化艺术的重要一环，例如中国剧中服装、图案、色彩、化装、脸谱、舞台装置，都与美术有关。艺术家不但要具有欣赏绘画、雕刻、建筑的兴趣和鉴别力，最好自己能画能刻。他还告诉我关于他学画的故事说："我一向爱好绘画，但不能画，有几次我在诗稿上涂抹修改，无意中发现颇有画意，打算由此入手学画。"

竺诗人说："我的侄儿阿伯宁·泰戈尔（Abanindranath Tagore）是印度艺术复兴运动中的先锋，孟加拉画派的创始人。他画过以法显、玄奘两位法师到印度取经为题材的《行脚图》。可惜这次没有带来。"

竺诗人即席介绍印度名画家难达婆薮，他说："婆薮先生是阿伯宁·泰戈尔的继承人，孟加拉画派的杰出画家，我所著的书，装帧、插画大都出自他手，他对中国画很有兴趣。"

泰翁还谈到几天前和中国画家联欢座谈，交换了意见。他问我："听说梅先生对绘画曾下过工夫。"我告诉他："那天出席的画家如齐白石、陈半丁、姚茫父……都是我的老师。”我指着茫父先生说：“我爱画人物、佛像，曾画过如来、文殊、观音、罗汉像，就得到姚先生的指导。”

饭后，我向难达婆薮先生求画，他欣然命笔，对客挥毫，用中国毛笔在槟榔笺上画了一幅水墨画送给我，内容是古树林中，一佛趺坐蒲团，淡墨轻烟，气韵沉古。可惜当时没有请教所画的故事题材，后来我在画上以意为之地题作《如来成道图》，什袭珍藏，直到如今。

有人问泰翁：听说诗人对绘画、雕刻、歌唱音乐无所不通，此番听了《洛神》的音乐歌唱有何感想？他笑着说：“如外国莅吾印土之人，初食芒果，不敢云知味也。”我们乍听这句话，不懂他的含意。座中有一位熟悉印度风俗的朋友说：“芒果是印度果中之王，吃芒果还有仪式，仿佛日本的‘茶道’（日本人请朋友喝茶，主宾都有一定的礼节，称之为‘茶道’）。”泰翁以此比喻，是说中国的音乐歌唱很美，但初次接触，还不能细辨滋味。

梁启超先生问泰翁：“这次诗人漫游中国，必有佳句，以志鸿爪？”竺诗人答：“我看了《洛神》，正在酝酿一首小诗，送给梅先生。”大家见他凝神构思，都不去打扰他。他先在手册上起稿，然后用中国笔墨作细书，写在一柄纨扇上，原文是孟加拉文，又自己译成英文，落了我的款，签上他的名，并兴致勃勃地用孟加拉语朗诵了他的新作，我们虽不懂印度话，但从他甜软的声音，鲜明的节奏里，就有月下清梵，泉鸣花底的美感，我向泰翁手里郑重地接过扇子，向他深深地道了谢。

夜间，我们到车站送行，彼此都有依依惜别之情，我问泰翁这次到北京的感想，并盼他再来。他说："两三年后我还要再来，我爱北京的淳朴的风俗，爱北京的建筑文物，爱北京的朋友，特别使我留恋的是北京的树木，我到过伦敦、巴黎、华盛顿，都没有看到这么多的栝、柏、松、柳，中国人有北京这样一个历史悠久而美丽的都城，是值得骄傲的。”在汽笛长鸣，飙轮转动的前几分钟，竺诗人紧紧握着我的手说："我希望你带了剧团到印度来，使印度观众能够有机会欣赏你的优美艺术。”我答："我一定到印度来，一则拜访泰翁，二是把我的薄艺献给印度观众，三来游历。”

1929年春，泰翁曾重游中国，到了上海，诗人回国时，宋庆龄先生主持了隆重的送别仪式，并赠送他一批中国的土产礼物，其中有一套手工精制的泥质彩绘脸谱，最为泰翁欣赏。而我于1935年访问苏联后，漫游欧洲，考察戏剧，归舟路过孟买，登陆小憩半日，但始终未能践泰翁之约。直到中国解放后，中印两国文化交流才大有发展，印度文化艺术团体曾不止一次地访问中国，1954年冬，中国文化代表团访问了印度。在新德里、加尔各答、孟买、马德拉斯四个大城，演出了京剧，受到印度广大人民的热烈欢迎。李少春同志回国后告诉我，他们在孟加拉邦寂乡（Santiniketan）访问了泰戈尔先生的故居，我缅怀诗人丰采，为之神往。

今年的暮春，在纪念泰戈尔先生百年诞辰的前一些日子，我把珍藏已久的那柄纨扇找了出来，请中国科学院文学研究所的吴晓铃、石真同志来推敲泰翁原作的精神。石真同志曾在泰翁创建的印度国际大学的泰戈尔研究所里工作过5年，是一位精通孟加拉语和泰戈尔文学的专家。

石真同志接过扇子，细细赏玩泰翁的亲笔题诗，她首先称赞书法的精妙。她说：泰翁的书法，为印度现代书法别创了一格，他的用笔有时看似古拙，特别是转折笔路趋于劲直，但他却能用迂回婉约之法来调剂，寓婀娜秀隽于刚健之中，给人以峰回路转、柳暗花明的感觉，而整体章法又是那么匀称有力，充分表现出诗人的气质。

当然更吸引她的还是那首诗，她情不自禁地用孟加拉语吟哦起来。我想起37年前泰翁亲自朗诵佳作的情景，现在又第二次从听觉上感受到诗人的亲切语言和深厚的友情。

石真同志当时就把这首诗译成现代汉语：

亲爱的，你用我不懂的
语言的面纱
遮盖着你的容颜；
正像那遥望如同一脉
缥缈的云霞
被水雾笼罩着的峰峦。

她告诉我："这是一首极为精湛的孟加拉语的即兴短诗。这类的短诗，格律甚严，每首只限两句，每句又只能使用19个音缀，这19个音缀还必须以七、五、七的节奏分别排成6行。更有趣味而别致的是，这类的短诗正像我们的古典诗歌一样，一定要押韵脚，而且每行的‘七’与‘七’之间也要互叶。”这不由得使我想到中国旧体诗绝句，要在短短的20或28个汉字的限制以内，集中而概括地写出真挚而变化多端的思想感情来，是需要艺术才能的。

石真同志说：“泰翁对我们的古典诗歌是十分称赞的，诗人虽然不懂汉语，但是他读了不少英语翻译的屈原、李白、杜甫和白居易的诗篇，并且时常在著作和讲话里征引，这首短诗的意境，便很有中国的风味。他非常形象地用云雾中的峰峦起伏来描述他所热爱而又语言不通的国家的艺术家那种纱袂飘扬、神光离合的印象，他感觉到美的享受，但又不十分了解戏中所包含的复杂的感情和心理状态。”她认为，诗人似乎有意识地选择这样的形式，并在这首诗的写作方法上，尽量让它接近中国风格。

更使我感动的是吴晓铃夫妇还谈到：在泰戈尔纪念馆——泰翁故居的大厅东西窗前，摆着一口特制的保存留声机片的大橱，其中大部分是我的戏曲唱片，以及前辈表演艺术家谭鑫培先生等的唱片，罗谛·泰戈尔先生（Rabindranath Tagore）曾经费了很大的气力找到一只钻石针头，在大喇叭筒上为他们播放了几个片断。那还是老百代公司的钻针唱片，当年是我经过仔细选择，赠送给诗人的微薄礼物。他们在国际大学艺术学院的博物院里还看到一套精制的京剧脸谱模型，泰翁的侄子——阿伯宁·泰戈尔博士曾经据之描绘过彩色拟本。那该就是1929年春，泰翁二次访华时，宋庆龄先生赠送他的礼物了。

泰戈尔先生虽已逝世20年，但他的热爱中国的真挚、亲切的富有正义感的言行，却在我心里留下深刻印象。事例是不胜枚举的。我想，假使天竺诗人今天还在人间，对中印文化交流必将作出更大的贡献。

（原载《人民文学》，1961年5月）

泰戈尔

在华日程表

1924年4月12日，上午9时1刻到上海。下午5时到龙华去赏桃花。

1924年4月13日，下午1时侨沪锡克人开欢迎会，4时文学研究会等团体开欢迎会。

1924年4月14日，晨赴杭州，游览西湖。

1924年4月15日，畅游杭州六桥三竺。

1924年4月16日，下午4时在浙江省教育会演说。

1924年4月17日，回上海。晚7时日侨开欢迎会。

1924年4月18日，下午3时半在商务印书馆参加欢迎会。

1924年4月19日，晨1时乘轮船赴南京。

1924年4月20日，到南京。上午游明孝陵，下午2时在东南大学演说，晚9时在浦口上车。

1924年4月21日，在车上。

1924年4月22日，晨5时40分抵济南。下午在省议会演说。

1924年4月23日，晨5时半离济南。下午7时抵北京。

1924年4月25日，中午参加英美协会欢迎会。下午3时参加北海静心斋举行的欢迎会。

1924年4月26日，下午应北京佛化新青年会邀请，在法源寺赏丁香。

1924年4月27日，上午10时游故宫御花园，溥仪招待。晚在海军联欢社公宴。

1924年4月28日，下午3时对北京学界演说。

1924年4月29日，上午10时北京画界欢迎会。晚赴清华。

1924年4月30日，休息。

1924年5月1日，晚演说。

1924年5月5日，下午佛教会欢迎会。

1924年5月6日，下午北京英文教员联合会举办演说会。

1924年5月8日，庆祝64岁生日，观看演出《齐德拉》。

1924年5月9日，开始演说。

1924年5月10日，第二次演说。

1924年5月11日，下午访苏联公使加拉罕。

1924年5月12日，上午演说。下午赴西山休息。

1924年5月17日，北京佛教讲习会会员张相文、沈钧儒等访泰戈尔，泰戈尔谈到成立中印学会。

1924年5月19日，参加中外各教联合会欢迎会。晚观梅兰芳演《洛神》。

1924年5月20日，晚11时离京。

1924年5月21日，下午6时40分抵太原。

1924年5月23日，在文瀛湖公园演说。教育机关开欢迎会，游晋祠。

1924年5月25日，抵汉口。

1924年5月26日，演说。

1924年5月28日，抵沪。

1924年5月29日，晚10时赴汇山码头。

1924年5月30日，晨8时坐轮船赴日本。

图书在版编目(CIP)数据

泰戈尔：我前世是中国人 / 秦悦主编. 一上海：上海辞书出版社，2014.7(2023.5 重印)
(亲历中国丛书)
ISBN 978-7-5326-4179-6

Ⅰ.①泰… Ⅱ.①秦… Ⅲ.①泰戈尔,R.(1861—1941)-语录 Ⅳ.①K833.515.6

中国版本图书馆 CIP 数据核字(2014)第 103552 号

亲历中国丛书
泰戈尔:我前世是中国人
秦 悦 主编

策划统筹 朱志凌 **篆 刻** 潘方尔
责任编辑 朱志凌 **封面设计** 零贰壹肆设计工作室
文字编辑 李婉青 **版式设计** 姜 明
技术编辑 楼微雯

出版发行 上海世纪出版集团
上海辞书出版社(www.cishu.com.cn)
地 址 上海市闵行区号景路 159 弄 B 座(邮政编码:201101)
印 刷 浙江经纬印业股份有限公司
开 本 787 毫米×1092 毫米 1/32
印 张 7 插页 4
字 数 113 000
版 次 2014 年 7 月第 1 版 2023 年 5 月第 2 次印刷
书 号 ISBN 978-7-5326-4179-6/K·969
定 价 52.00 元